Michel Capron
Michèle Lacombe-Saboly

INTRODUCTION À LA COMPTABILITÉ D'ENTREPRISE

Éditions La Découverte
9 *bis*, rue Abel-Hovelacque
75013 Paris
1996

Du même auteur

La comptabilité en perspective, 1993.

Catalogage Électre-Bibliographie

Capron Michel, Lacombe-Saboly Michèle
Introduction à la comptabilité d'entreprise. – Paris : La Découverte, 1996.
– (Repères ; 191)
ISBN 2-7071-2548-2

Rameau :	Entreprises : comptabilité
Dewey :	657.1 : Comptabilité. Fiscalité des entreprises. Comptabilité. Généralités.
Public concerné :	Tout public

Introduction

Débit, crédit, partie double, actif, passif..., autant de termes spécifiques à la comptabilité dont la signification apparaît souvent mystérieuse au profane. Et pourtant chacun ressent aujourd'hui plus ou moins confusément la nécessité de se familiariser avec ces termes et, mieux encore, de les maîtriser pour entrer dans la compréhension d'un langage qui tend à envahir notre vie quotidienne.

Le but de cet ouvrage est précisément de fournir les bases minimales de compréhension non seulement des termes, mais aussi des constructions conceptuelles dans lesquelles ils opèrent. Il s'agit donc bien d'une *introduction* destinée à tous ceux qui n'ont encore aucune connaissance dans ce domaine, mais qui doivent s'initier (élèves et étudiants en formation initiale, stagiaires de formation continue) ou veulent tout simplement se comporter en « honnête homme » soucieux de comprendre le monde dans lequel ils vivent.

La comptabilité d'entreprise a été privilégiée pour cet apprentissage car, à l'époque contemporaine, c'est dans l'entreprise que s'est forgée la matrice de toute construction comptable. L'explication des notions et des instruments comptables doit donc nécessairement se référer aux modèles et aux concepts économiques. C'est une des préoccupations majeures de cet ouvrage.

Cette initiation est conçue pour fournir un cadre d'explication et les clés de compréhension de tout système comptable, passé, présent ou à venir, français ou étranger. Si les exemples font essentiellement référence au système comptable français aujourd'hui en vigueur, la démarche d'ensemble vise à élucider les grandes lignes de fonctionnement des systèmes comptables en partant de leurs finalités, de leurs postulats, des concepts clés et de leur insertion dans la modélisation économique de l'entreprise (objet de la première partie). Les états fournis par la comptabilité sont ensuite présentés à la lumière des conventions et des procédures qui guident leur production (deuxième partie). Enfin, une ouverture sur l'utilisation de l'information comptable fait apparaître différentes présentations et interprétations possibles ainsi que les problèmes liés à la satisfaction de la demande des utilisateurs (troisième partie).

Un livre d'initiation ne peut avoir la prétention de répondre à toutes les questions et c'est la raison pour laquelle il ne dispensera pas de la lecture d'autres ouvrages plus approfondis référencés dans la bibliographie ; en outre, il se veut complémentaire de *La Comptabilité en perspective*, éditée dans la même collection.

Le but de cet ouvrage sera atteint s'il permet de faire comprendre les présupposés et les raisons des choix des constructions comptables et s'il fait ressentir au lecteur que la comptabilité d'entreprise ne peut rester confinée dans un cadre rigide de pensée qui empêche les adaptations aux évolutions économiques et sociales.

PREMIÈRE PARTIE / LE CADRE THÉORIQUE DE LA COMPTABILITÉ

Les hommes ont mis au point dès l'Antiquité des techniques de comptage et de mesure qu'ils n'ont cessé de perfectionner par la suite. Ils ne se sont préoccupés que tardivement de réfléchir à une *théorie de la comptabilité*, c'est-à-dire à un cadre général de référence. Quelle est l'utilité d'une référence à un cadre théorique pour la comptabilité elle-même ? Cette utilité est double. Se référer à un cadre théorique permet, d'une part, d'évaluer les méthodes et les usages et de les expliquer, d'autre part, de les orienter et d'en développer de nouveaux.

Mieux comprendre la comptabilité, voilà un des apports de la réflexion théorique qui la rend précieuse dès l'initiation. Il s'agit d'appréhender la technique, son potentiel, mais aussi ses limites, de comprendre les liens internes entre les phénomènes économiques et leur mesure, les liens entre les traitements et les données, enfin les liens entre les utilisateurs et les informations. Cet objectif nécessite de partir à la recherche des origines historiques de la comptabilité, de mettre en évidence ses concepts et sa structure.

I / Objectifs : pourquoi, pour qui la comptabilité ?

A quoi sert la comptabilité ? Pourquoi les entreprises consacrent-elles des ressources (personnel comptable, moyens matériels et informatiques, recours à un expert-comptable...) à traiter des données et à établir des documents comptables ? A qui ces informations sont-elles destinées ? Quels usages en sont faits ?

Le rôle de la comptabilité tenue actuellement par les entreprises privées est double :

— il s'agit, d'une part, d'un rôle interne. Le dirigeant et ses collaborateurs peuvent à travers les informations comptables connaître la situation et les résultats actuels de l'entreprise ; ils peuvent apprécier les conséquences de leurs décisions stratégiques, commerciales ou financières sur le patrimoine de l'entreprise (c'est-à-dire sur ses biens, ses droits et ses obligations) et sur son évolution ;

— il s'agit, d'autre part, d'un rôle externe. Une partie des informations comptables produites par l'entreprise est communiquée à ses partenaires. Un partenaire est commun à toutes les entreprises françaises : l'administration fiscale. En effet, la détermination du bénéfice imposable au titre de l'impôt sur le revenu ou de l'impôt sur les sociétés s'établit à partir du résultat comptable des entreprises (différence entre les produits et les charges comptabilisés). Les obligations et les règles du code général des impôts (CGI) doivent être respectées par les entreprises dans la tenue de leur comptabilité. Quant aux sociétés françaises dont le capital est composé d'actions cotées sur le marché boursier, elles doivent communiquer une fois par an à leurs actionnaires un rapport d'activité comprenant les comptes annuels. Ou encore, les sociétés de capitaux (société anonyme, société à responsabilité limitée, société en commandite par actions) sont tenues de déposer au greffe du tribunal de commerce leurs comptes annuels, afin que les tiers puissent disposer d'une information financière sur ces sociétés. Ces exemples parmi d'autres illustrent la fonction de *reddition* de la comptabilité (reddition de compte : acte par lequel une personne chargée d'administrer la fortune de quelqu'un présente les comptes de sa gestion). A travers elle, la direction de l'entreprise rend compte à ses partenaires, et notamment aux apporteurs en capitaux et bailleurs de fonds existants et potentiels.

Cette double mission de la comptabilité — rendre des comptes aux partenaires externes, informer l'entrepreneur sur la situation et les résultats de l'entreprise — va être éclairée maintenant par les réponses à trois questions. Que nous enseigne l'histoire de la comptabilité sur les objectifs poursuivis ? Comment la comptabilité est-elle au service d'une allocation efficiente des ressources ? Qui en sont les utilisateurs ?

1. Une brève perspective historique sur les objectifs de la comptabilité

Bien que des traces de pratiques comptables puissent être repérées dès l'Antiquité, ce sont des sources datant du Moyen Age et de la Renaissance qui fournissent les premiers exemples d'ensembles de comptes et de documents. L'étude des comptabilités des princes, du clergé et des marchands fait apparaître deux types de comptabilités qui correspondent à des objectifs sensiblement différents.

La comptabilité des financiers

Les princes, l'Église, les hôpitaux traduisent alors leur activité économique en tenant compte du seul impact sur la trésorerie. Ils gèrent des deniers publics ou appartenant à une communauté, ils mémorisent donc dans des registres la trace des recettes (comme les taxes levées ou les donations reçues) et des dépenses (celle de la cour, par exemple). La différence entre ces flux de caisse ou de trésorerie doit correspondre à ce qui reste matériellement dans la caisse : elle renseigne ainsi à la fois sur la situation financière de l'institution et sur la compétence et l'honnêteté de ceux qui en ont la charge. Ce type de comptabilité de caisse repose sur la technique de la partie simple (appelée ainsi car les phénomènes ne sont observés que selon un seul point de vue) et elle a pour objectifs essentiels le contrôle du maniement des fonds et celui des trésoriers.

La comptabilité des marchands

L'activité commerciale des marchands fit naître d'autres besoins d'informations. Il leur était nécessaire de suivre leurs relations avec leurs débiteurs (donc de connaître les créances qu'ils allaient recouvrer) et avec leur créanciers (donc de savoir quelles dettes ils devaient acquitter). Il leur fallait également appréhender le montant des stocks de marchandises disponibles à la vente. Il leur était par ailleurs indispensable de mesurer le résultat (bénéfice ou perte) dégagé sur leur activité générale ou simplement sur une opération. Cette mission de mise en évidence des engagements du marchand et de son résultat a pu être atteinte grâce à la technique de la partie double consistant à décrire chaque événement selon deux points de vue. La comptabilité pratiquée dès la fin du Moyen Age par les marchands européens s'oriente déjà vers une connaissance du patrimoine de l'entreprise et du résultat de l'activité.

2. La comptabilité façonne aussi la réalité de l'entreprise et de la société

Si la comptabilité existe pour refléter la réalité, elle a aussi une fonction d'organisation, de structuration de la réalité. Elle influe, en effet, de façon assez discrète, mais souvent décisive sur les comportements et les choix des décideurs.

L'information externe fut considérée comme le moyen de prévenir et de combattre la fraude et les abus de la spéculation, en donnant aux petits porteurs de valeurs mobilières les possibilités de défendre leurs intérêts dans le cas, par exemple, d'opérations de fusion ou d'acquisition. D'une manière plus générale, avec le développement des grandes sociétés anonymes, l'information comptable a été justifiée par la nécessité pour les actionnaires de contrôler les managers à qui sont délégués les pouvoirs de gestion.

L'information doit concerner non seulement la sauvegarde et l'entretien des ressources (rôle classique d'intendance), mais aussi l'utilisation efficace et efficiente de ces ressources par les gestionnaires. Ainsi, l'information comptable (et financière) est censée éclairer les marchés financiers (investisseurs) sur les bonnes et les mauvaises utilisations des ressources, de manière à ce que ceux-ci effectuent des choix raisonnés d'affectations alternatives de ressources rares (par exemple, réaffectation des ressources d'une société peu efficiente vers une autre plus efficiente). Certains théoriciens ont ainsi pu dire que le rôle informationnel de la comptabilité était un maillon essentiel dans l'allocation efficiente des ressources de la société par les individus, les entreprises et les pouvoirs publics : les ressources n'allant, en fin de compte, que vers les sociétés efficientes. L'information comptable contribuerait ainsi à maintenir la confiance dans les marchés des valeurs boursières.

Mais on a également fait valoir que les managers utilisaient l'information comptable comme moyen de démonstration de la justesse de leur gestion et pour justifier leur action, et finalement pour conforter et légitimer leur pouvoir sur les sociétés, au détriment d'un réel contrôle sur leurs activités.

La comptabilité financière façonnerait ainsi l'acceptation permanente de l'autonomie des directions d'entreprise par rapport à leurs partenaires. D'autres exemples nous sont fournis par la comptabilité de gestion, instrument interne de l'entreprise, au service du contrôle de gestion ; elle a, en fait, un double rôle : connaître les coûts, mais aussi influencer les comportements. Certaines normes ne recherchent pas l'objectivité, mais reflètent une volonté de pénaliser des comportements non souhaités par le management ou, au contraire à inciter ou à motiver les acteurs économiques. Par exemple, la détermination d'un coût fixé à l'avance (appelé « coût préétabli ») est fonction d'une norme de productivité de main-d'œuvre directe, c'est-à-dire d'un temps alloué à une tâche précise qui est autant un objectif pour l'entreprise qu'une incitation ou une contrainte pour l'opérateur. Autre exemple : dans le cas de cession interne entre département industriel et département commercial, les règles de répartition des coûts peuvent plus ou moins favoriser l'un ou l'autre des départements de manière à encourager ou à éviter une démotivation des agents. Des systèmes d'allocation de coûts, comme au Japon, visent à réduire la consommation de matières ou à encourager le recours à des composants standards. Le système d'information comptable fait ainsi porter l'attention et les décisions des cercles opérationnels vers les orientations stratégiques voulues par les dirigeants de l'entreprise.

Ces exemples montrent bien que la comptabilité n'est pas seulement un miroir neutre, mais qu'elle contribue à créer la réalité. C'est en tout cas un instrument de communication, de dialogue entre les différents échelons de l'entreprise, entre les différents services et entre les différents partenaires de l'entreprise qui peuvent s'y référer dans leurs transactions et leurs négociations.

3. Les utilisateurs de l'information comptable

Si mémoriser et mesurer sont des fonctions historiques et universelles de la comptabilité, des différences dans les utilisations et les utilisateurs peuvent s'observer dans l'espace et dans le temps.

Les cultures nationales et les spécificités des systèmes socio-économiques influent sur l'importance accordée par la loi et les usages des entreprises à l'information de certains tiers. Les investisseurs, les actionnaires et les prêteurs sont considérés comme les destinataires privilégiés des états comptables et financiers produits et publiés par les entreprises nord-américaines. En France, l'État occupe un rôle important parmi les utilisateurs des documents comptables obligatoires. Ses besoins s'expriment tant pour le calcul de l'impôt que pour le système statistique national. Les bilans des entreprises permettent l'établissement de statistiques nationales par l'INSEE, alimentant ainsi les chiffres de la comptabilité nationale (la comptabilité nationale a pour but de mesurer les flux de biens et services et les flux financiers au sein de la nation et entre elle et l'extérieur).

Dans un même pays, au fil du temps, les fonctions de la comptabilité et ses utilisateurs évoluent. Quelques repères peuvent illustrer cette évolution pour la France. Au XVIIe siècle, les livres comptables peuvent être présentés en justice à titre de preuve lorsqu'un litige s'installe entre des marchands. Mais leur tenue est également prescrite pour mieux gérer le commerce et éviter la ruine et la faillite. Dès le XIXe siècle, quelques grandes entreprises industrielles soumises à une concurrence accrue développent des méthodes de calcul visant à connaître leurs coûts de revient. Ces méthodes se généraliseront au XXe siècle avec l'essor de la grande industrie et donneront naissance à ce qu'on appelle aujourd'hui la comptabilité analytique ou de gestion. Au début du XXe siècle, avec la création de l'impôt sur le revenu, la comptabilité fournit la base de calcul de l'impôt. C'est plus que jamais le cas, entreprises et sociétés doivent annuellement remettre à l'administration des impôts la « liasse fiscale » (ensemble de documents comptables dont le bilan, le compte de résultat, l'annexe) et soumettre ainsi leurs bénéfices à l'impôt sur les sociétés (ou à l'impôt sur le revenu pour la catégorie des bénéfices industriels et commerciaux des entrepreneurs individuels). A partir de 1945 et plus encore de 1982, les entreprises françaises disposant d'un comité d'entreprise sont tenues de communiquer à ses membres (élus des salariés) une information économique et financière. D'une fonction essentiellement probatoire et privée, la comptabilité est passée avec le temps à une véritable mission sociale d'information d'acteurs de plus en plus nombreux et diversifiés.

Les partenaires actuels et potentiels de l'entreprise ont besoin de certaines informations et peuvent utiliser les données comptables pour prendre des décisions ou pour se faire une opinion, une représentation de l'entreprise et de la gestion de ses dirigeants.

L'examen des fonctions et des utilisateurs de la comptabilité révèle leur caractère diversifié, évolutif et contingent. De nouveaux besoins d'information apparaissent comme, par exemple, une information à caractère social, écologique, consumériste, ou encore une information sur des entités non marchandes, associations, administrations communales… Ils ne s'expriment pas avec la même vigueur selon les contextes historiques et nationaux. L'espace et le temps sont les deux dimensions dans lesquelles s'inscrit la comptabilité.

Utilisateurs	*Décisions*	*Besoins en information*
Dirigeant de l'entreprise	pilotage, gestion, contrôle, stratégie	évaluation du patrimoine et des performances
État ; administration	définir des réglementations, des politiques fiscales ; établir des statistiques nationales	activité, répartition des ressources
Investisseurs	effectuer des opérations sur les titres	risque, rentabilité, capacité de la société à distribuer des dividendes
Prêteurs	estimer les garanties offertes ; accorder un crédit	capacité de l'entreprise à générer des liquidités ; solvabilité
Clients/fournisseurs	contracter avec l'entreprise	continuité/solvabilité
Salariés	contracter, négocier sur les rémunérations et emplois	continuité, viabilité, compétence et légitimité des dirigeants
Grand public	percevoir « l'image de l'entreprise »	activité, évolution, rôle « social » et sociétal

II / Les postulats du cadre théorique et les contraintes de l'environnement

La comptabilité s'inscrit dans un cadre à deux dimensions, l'espace et le temps, et requiert une unité de mesure de référence. La mise en œuvre de ces conditions repose sur des postulats, c'est-à-dire des principes indémontrables mais qui paraissent légitimes et incontestables : postulat d'entité pour le découpage spatial, postulat de périodicité et de spécialisation des exercices concernant le découpage temporel, postulat de quantification monétaire pour l'unité de mesure.

1. Le découpage spatial : le postulat d'entité

De quelle unité de base rendent compte les documents comptables ? Le postulat de l'entité délimite dans l'espace une sorte d'organisme disposant d'une intégrité et dont le caractère dépend d'un comportement global ; celui-ci est séparé et différent de ses propriétaires et des autres unités. Mais quel type d'entité répond concrètement à cette définition : une unité autonome de production, une entité juridique, un ensemble financier ? Les réponses sont diverses et loin d'être stabilisées : pour l'organisme international de normalisation, l'International Accounting Standard Committee (IASC), il s'agit de l'entreprise, sans plus de précision ; pour la quatrième directive européenne, seulement les sociétés revêtant une forme commerciale ; pour la loi française, toute personne physique ou morale ayant la qualité de commerçant.

Le code de commerce ne donnant pas de définition précise de l'entreprise, on retient généralement qu'il s'agit de l'entité juridique, celle-ci pouvant avoir la forme d'une société ou d'une entreprise individuelle. Mais cela ne règle pas la question des multiples formes juridiques de groupements et d'organisations socio-économiques ne relevant pas du droit des sociétés commerciales et auxquelles ont été étendues progressivement les obligations et les techniques comptables ; d'où l'apparition de règles spécifiques suivant les secteurs d'activités (caisses de retraites, mutuelles d'assurances, collectivités territoriales...) qui rentrent parfois en contradiction avec le cadre théorique.

Le fait de retenir l'entité juridique comme critère de détermination de l'entité comptable ne permet d'informer que sur la société concernée. Cela laisse insatisfait le besoin d'information dans le cas de plusieurs sociétés regroupées autour d'un pôle financier. Cela est l'objet de la consolidation des comptes, mais comme la France ne dispose pas encore d'une définition unique et suffisamment précise de ce que sont les groupes de sociétés, ceux-ci appliquent ou adaptent les principes généraux comme ils l'entendent et adoptent, de plus en plus, les normes américaines ou les normes internationales de l'IASC.

2. Le découpage temporel : le postulat de périodicité

Partant de l'hypothèse que l'entreprise existe indéfiniment (cf. le principe de continuité de l'exploitation), des informations sont nécessaires pour en connaître périodiquement la situation et les résultats. Comme le temps est une notion continue, la comptabilité doit procéder à son découpage arbitraire en périodes, appelées exercices comptables (chacun étant généralement d'une durée de douze mois).

Par rapport à l'écoulement du temps, la comptabilité doit cependant répondre à d'autres exigences :

— nous avons vu que les objectifs et l'histoire de l'élaboration de la pratique comptable la situent comme un mode de référence au passé (mémoire des transactions, situation et résultats des exercices passés), mais pour être utile à ses utilisateurs, l'information comptable doit aussi permettre de réduire l'incertitude du futur (évaluation des risques encourus par l'entreprise, ses propriétaires, ses partenaires ; éléments d'information pour assurer la pérennité de l'entreprise). L'information comptable doit donc être aussi dotée d'une certaine valeur prédictive ;

— l'activité économique a ses propres temporalités (cycles de fabrication, temps de lancement et de réalisation d'un projet) qui ne correspondent pas nécessairement au découpage calendaire du temps chronologique ; les différents instruments de comptabilité et de gestion ont vocation à servir de passerelle entre le temps économique et le temps chronologique, ce que le découpage conventionnel en exercices annuels de la comptabilité financière seule ne permet pas toujours de réaliser.

3. L'unité de mesure : le postulat de quantification monétaire

La nécessité d'une unité de référence pour toutes les données et évaluations comptables a conduit à choisir l'unité monétaire qui préside à toutes les transactions économiques.

Cette quantification en termes monétaires est à la fois d'une grande commodité et une source d'imperfections. D'une grande commodité, car elle permet d'agréger des grandeurs et des valeurs relatives aux objets les plus divers, mais aussi source d'imperfections, car :

— la valeur d'une monnaie n'est pas constante dans le temps et l'unité de mesure n'est donc pas stable (effets de la hausse générale des prix) ; par ailleurs, elle ne constitue pas un instrument universel (sauf actuellement, en partie, pour le dollar américain, ce qui pose de toute façon des problèmes de conversion avec toutes les autres monnaies nationales) ;

— la comptabilité financière et, dans une moindre mesure, la comptabilité de gestion se coupent d'autres moyens de mesure, tels que la quantification en volume et les appréciations d'ordre qualitatif, social et humain.

La résolution de ces questions liées à l'espace, au temps et à l'unité de mesure est en fait dictée par le système socio-économique. Celui-ci est différent selon chaque pays ou grand ensemble économique. L'application des obligations de la législation commerciale, du droit des sociétés, des règles fiscales détermine le contexte pratique dans lequel les postulats du cadre théorique comptable vont pouvoir s'exercer.

III / Les concepts clés

Le modèle comptable repose sur un système de concepts construits qui entretiennent des relations entre eux (exemple : l'actif et le passif sont indissociables dans l'architecture d'ensemble du modèle comptable) ; les concepts sont des variables définies par les procédés et les conventions qui permettent de les évaluer. Ils permettent de représenter l'entreprise et les événements économiques appréhendés.

Mais le modèle comptable connaît des variantes : on peut même dire qu'il n'existe pas un modèle, mais des modèles et parfois une superposition de modèles ayant inspiré un système comptable. Le choix des variables est toujours influencé par l'idée que l'on se fait du fonctionnemement du système économique, et en particulier par la représentation de l'entreprise, elle-même influencée, consciemment ou non, par les théories économiques générales. En retour, la comptabilité prépare la modélisation de l'entreprise.

La comptabilité traduit, avec des chiffres, une modélisation de l'entreprise, qui la représente comme une entité économique combinant des moyens de production financés par du capital-argent et produisant des biens et des services afin de les mettre sur un marché, dans l'espérance d'être vendus. La valeur du bien ou du service n'est réalisée que lorsque celui-ci a changé de propriétaire et que le règlement de la contrepartie, généralement monétaire, a été effectué.

L'acte essentiel qui sous-tend toute la construction est donc la transaction. Les transactions externes résultent de négociations donnant lieu à des contrats avec des tiers et de transferts d'actifs ou de dettes entrant ou sortant de l'entreprise. Les transactions internes proviennent de l'utilisation ou des transformations des actifs à l'intérieur de l'entreprise.

La comptabilité s'intéresse, en premier lieu, à l'évaluation du capital et à la mesure de son rendement. Ce que rapporte le capital avancé est mesuré par une évaluation de l'activité et des performances de cette activité.

Schématiquement, l'activité se caractérise par le traitement d'intrants (consommés durant le cycle d'exploitation) qui vont donner naissance à des extrants ou produits (source de valeur marchande pour l'entreprise) : l'évaluation porte sur ces intrants et ces extrants, la différence entre les deux constituant la mesure recherchée du résultat.

Ce résultat (revenu de l'entreprise) est à la source de l'accumulation qui vient enrichir le patrimoine de l'entreprise. Cette représentation privilégie le point de vue du propriétaire car elle a pour préoccupation l'évaluation patrimoniale (préoccupation d'essence juridique).

Une autre façon de voir les choses est de partir de l'idée que l'entreprise distribue des revenus (à plusieurs sortes de « partenaires » ou de « parties prenantes ») à partir d'un surplus qui est la différence entre la vente des biens et services produits et les coûts résultant des achats nécessaires à la production vendue. C'est une représentation à caractère économique qui privilégie les relations de l'entreprise avec ses partenaires et peut mettre l'accent sur les conflits de répartition autour des richesses (valeurs) produites.

Les principaux concepts et notions du langage comptable et financier vont être examinés successivement et les uns par rapport aux autres. Certains de ces concepts appartiennent d'abord aux champs de l'économie et du droit et leur sens en comptabilité doit être explicité ; d'autres sont plus spécifiques au domaine comptable.

1. Résultat, profit, revenu, produit, richesse

La mesure du résultat constitue l'un des objectifs essentiels de la comptabilité de l'entreprise. La notion est apparemment simple : « c'est ce qui reste quand on a tout payé », mais en réalité, elle est particulièrement ambiguë. Ce solde s'apparente-t-il au profit ? Constitue-t-il un revenu, pour qui ? Certes, il s'agit d'un *solde*, mais entre quelles grandeurs ?

La distinction résultat/profit

Le résultat, s'il est positif (et constitue donc un bénéfice), est très souvent assimilé au profit de l'entreprise. Mais la définition du profit est un exercice que les économistes reconnaissent être difficile et eux-mêmes n'éclairent pas toujours de manière suffisante la lanterne des comptables.

La définition qui est généralement retenue pour le profit de l'entreprise est ce qui reste une fois payé le prix de ses facteurs de production, c'est-à-dire, généralement, l'ensemble des charges liées à la production et à la vente de ses biens et services.

Le problème essentiel est celui de savoir si cet excédent comprend ou non ce qui est nécessaire à la conservation des moyens d'exploitation de l'entreprise. Pour certains, le bénéfice est l'afflux de richesses en sus de ce qui est nécessaire à la conservation du capital (Fisher) ou, en d'autres termes, ce que l'on peut consommer pendant une période sans entamer son patrimoine (Hicks). En revanche, pour d'autres, l'excédent ainsi défini constitue un profit net et on appellera profit brut l'excédent qui ne tient pas compte de la dépréciation du capital ; cet excédent disponible pour l'entreprise et ses propriétaires correspond donc à ce que l'on appelle autofinancement brut.

Celui-ci pourra se scinder en deux : une part constitue le revenu des propriétaires (dividendes), l'autre part est conservée par l'entreprise et rejoint ses ressources propres.

La distinction profit/revenu

Le profit est donc le revenu de l'entreprise et de ses propriétaires. Il ne faut pas le confondre avec la notion de revenu qui est parfois utilisée pour désigner l'ensemble des recettes reçues par l'entreprise et que, d'un point de vue économique, il est préférable d'appeler produit. Le revenu est en effet ce qui est perçu par un individu ou une collectivité comme fruit du capital ou rémunération du travail pendant une certaine période. De ce point de vue, on peut dire que l'entreprise distribue des revenus : à ses fournisseurs, à ses salariés, à ses banquiers, aux collectivités publiques… L'ensemble constitué des revenus distribués et du profit de l'entreprise est donc équivalent à son produit global.

Qu'est-ce donc un produit ? C'est un bien économique, au sens large, résultant de l'activité de production de biens et de services et destiné à satisfaire un besoin. On peut considérer les produits comme l'afflux d'« actifs » provenant de l'activité opérationnelle de l'entreprise et comme la création de biens et de services par l'entreprise destinés à l'échange avec les consommateurs finals ou les autres producteurs.

L'approche et la terminologie comptables sont quelque peu différentes. D'abord, le plan comptable français de 1982 (PCG) définit le résultat comme la « différence entre les produits et les charges de l'exercice », donc un excédent issu des opérations liées aux activités de l'entreprise. Mais le PCG ne fournit pas de définition des produits et présente une liste d'éléments qui doivent être pris en compte, de manière conventionnelle, pour le calcul du résultat.

Outre la valeur produite par l'activité de l'entreprise pendant une période et exprimée en termes monétaires, c'est-à-dire les sommes reçues ou à recevoir en contrepartie de marchandises, de travaux, de services ou avantages fournis par l'entreprise, les produits comprennent d'autres éléments comme les valeurs réalisées à l'occasion de cession d'actifs durables. Nous les détaillerons lorsque nous analyserons le compte de résultat (cf. chapitre VII).

La notion de richesse est aussi souvent utilisée pour désigner les produits, en tant que création de valeurs ; ce terme nous semble cependant devoir être évité car il peut être confondu avec des revenus, des gains, voire le patrimoine lui-même.

Engagements et encaissements

La comptabilité contemporaine est fondée sur la notion d'engagement. Cela signifie que tout fait économique concernant l'entreprise (transaction passée ou engagement contractuel entraînant des obligations à l'avenir) est enregistré dans les livres comptables à la date où il se produit, sans se préoccuper à ce moment-là de la date à laquelle s'effectuera le règlement monétaire correspondant à l'opération.

Ainsi, une livraison de marchandises engendre un *produit* pour l'entreprise, avant même d'en avoir reçu, perçu, la contrepartie monétaire. L'achat de services à un fournisseur (frais d'entretien par exemple) engendre une *charge* engagée à la date de facturation même si le fournisseur accorde un délai de paiement.

Au contraire, dans une comptabilité de caisse, que les ménages utilisent pour tenir leurs comptes, ce sont uniquement les flux de trésorerie qui sont enregistrés à la date où ils se produisent : par exemple, encaissement d'un salaire à la date du virement bancaire, décaissement d'une facture réglée. Dans ce cas, on parle aussi de recettes et dépenses.

ENGAGEMENT
↙ ↘
Produit Charge

FLUX DE TRÉSORERIE
↙ ↘
Recette Dépense

2. Charge, consommation, coût

Les charges représentent l'utilisation ou la consommation de biens et de services dans le but d'engendrer des produits. Elles sont donc liées à l'extinction ou à la destruction de facteurs qui sont rattachés à la confection et à la vente du produit de l'entreprise. Les charges présentent un aspect défavorable pour le résultat de l'entreprise parce qu'elles viennent en diminution du produit pour le calcul du résultat, mais on ne saurait oublier qu'elles sont en principe indispensables car elles constituent le sacrifice économique nécessaire à l'obtention du produit.

La notion de charge ne doit pas être confondue avec celle de dépense qui concerne uniquemement la sortie d'encaisse effective (ou décaissement) de moyens de paiement. La charge exprime le fait qu'un *engagement* de dépense a été pris, que celle-ci ait été ou non réalisée à la date d'arrêté des comptes. Comme pour les produits, le PCG ne fournit pas de définition des charges, mais une liste d'éléments qui englobe les coûts supportés par l'exploitation, mais également ceux résultant d'obligations légales (prélèvements sociaux, impositions) ou contractées par l'entreprise (service de la dette), les pertes pouvant réduire son patrimoine ou l'une de ses composantes (par exemple, extinction de la valeur d'un actif), ainsi que d'autres éléments qui, par convention, doivent être pris en compte pour la détermination du résultat de l'exercice et que nous détaillerons ultérieurement.

Il existe toujours des discussions pour savoir ce que l'on doit enregistrer comme charges lorsque interviennent des opérations susceptibles d'affecter le patrimoine et les réponses ne sont pas identiques selon les pays. En général, l'enregistrement des charges probables (par exemple, un litige risquant d'entraîner un dédommagement) est admis sous réserve d'en prévoir le montant et l'échéance ; en revanche, les charges éventuelles ne le sont pas parce que, précisément, elles ne peuvent répondre à ces deux conditions.

Charges par nature et par destination

Les charges et les produits peuvent être classés soit par nature, soit par destination. Les charges par nature se définissent par leur caractère, leur qualité ou leur substance ; par exemple : achat de matières premières, salaires, intérêts financiers… Les charges par destination sont distinguées selon les fonctions de l'entreprise dans lesquelles les éléments sont consommés ou utilisés : charges de production, charges commerciales, charges administratives… C'est ainsi que les salaires se trouvent répartis entre les différentes fonctions. Un classement par nature est organisé par le PCG.

La notion de charge est également distincte de celle de consommation, dans la mesure où ce terme est réservé à l'incorporation, à la transformation, au stockage, au transport ou à la destruction durant le processus de production et d'échange des biens et des services acquis auprès de tiers pour assurer l'activité de production, de commercialisation et de gestion de l'entreprise (on parle alors de consommations intermédiaires ou de consommations en provenance de tiers).

La notion de coût, quant à elle, relève également d'une autre approche qui est celle de la comptabilité analytique. « Le coût correspond à l'évaluation monétaire des valeurs consommées pour élaborer un élément de l'activité d'une entreprise » [Élie Cohen, 1994]*. L'élément de l'activité peut être un produit ou un service, une unité de production ou de distribution, un type d'action à mener, voire un dysfonctionnement. Lorqu'on évalue un bien au stade final ou en cours de production, on parle de coût de revient ou de coût de production. Si on se situe au stade de l'acquisition, on parle de coût d'achat ou d'acquisition. Quant on évalue la fonction commerciale, il s'agit de coûts de distribution, etc.

Le coût apparaît donc comme la somme de consommations de ressources physiques : matières premières, énergie, fournitures, services extérieurs, travail fourni, usure d'équipements...

Dans la procédure comptable, les coûts sont des regroupements de charges par nature (saisies par la comptabilité générale), ventilées selon leur destination, c'est-à-dire selon l'élément de l'activité auquel elles apportent leur contribution. Le calcul de coût se définit donc d'abord en fonction de l'analyse de l'élément d'activité recherchée par la direction de l'entreprise pour l'aider dans sa prise de décision.

Ensuite, le calcul peut retenir la totalité des charges ou seulement une partie. Dans le cas d'une prise en compte de toutes les charges concourant à la formation des produits de l'entreprise, on détermine un coût complet des produits. On peut également considérer que certaines charges (dites « charges non incorporables ») n'ont rien à voir avec l'élément d'activité considéré et que leur incorporation au coût n'est pas économiquement justifiée (par exemple, les charges exceptionnelles qui ne concernent pas l'exploitation). En revanche, on pourra y intégrer des ajouts (appelés « charges supplétives ») tels que des charges exclues de la comptabilité générale pour des raisons fiscales (cas de la rémunération du dirigeant d'entreprise individuelle) ou des coûts d'opportunité, par exemple des manques à gagner dus à un incident de fonctionnement (rupture de stock, grève...).

Les méthodes de coût partiel procèdent précisément à la prise

* Les références entre crochets renvoient à la bibliographie en fin d'ouvrage.

en compte d'une partie seulement de la consommation globale des ressources de l'entreprise pour effectuer le calcul de coût.

Enfin, le moment du calcul peut avoir lieu postérieurement aux faits qui ont engendrés les coûts (on parle de coûts constatés), mais aussi antérieurement aux faits qui vont les provoquer : on les appelle coûts préétablis et ils servent de références, de normes ou d'objectifs, par exemple, pour l'établissement d'un devis, ou s'intègrent dans des calculs prévisionnels du coût d'un produit futur et dans des budgets.

On peut ainsi observer que les différentes notions de coût dépendent très largement des besoins de connaissance de l'entreprise et varient considérablement d'une entreprise à l'autre, d'un moment à un autre alors que la notion de charge est beaucoup plus normalisée et, en principe, commune à toutes les entreprises. Un coût ne saurait donc être reconnu comme une donnée objective, mais comme la résultante d'un calcul reposant sur certaines hypothèses.

3. Patrimoine, actif, passif, capital

Le patrimoine est une notion juridique qui se définit par les droits et les obligations d'une entité. Dans le cas de l'entreprise, c'est ce qu'elle possède, c'est-à-dire ses avoirs qui constituent l'actif, et ce qu'elle doit, c'est-à-dire les dettes qui figurent dans le passif (qu'on appelle passif exigible).

Le PCG définit les actifs comme « les éléments du patrimoine ayant une valeur économique positive pour l'entreprise ». Pour l'essentiel, ce sont des droits de propriété et des créances.

Les droits de propriété portent :
— sur les moyens d'exploitation durables de l'entreprise (qui figurent au bilan sous le nom de valeurs immobilisées, corporelles et incorporelles) ;
— sur le patrimoine d'autres entreprises (sous la forme de titres de participation) ;
— sur les stocks de l'entreprise qui sont des biens et des services destinés à être vendus en l'état (produits, marchandises) ou consommés durant le processus de production (approvisionnements en matières premières et matières consommables) ; ils traduisent le processus d'ajustement aux conditions des marchés de vente et d'approvisionnement ;
— sur les productions en cours de formation ;
— sur la trésorerie disponible.

Quant aux créances qui sont constituées des sommes dues à l'entreprise, elles se composent principalement de prêts accordés aux tiers et de créances d'exploitation qui représentent le processus d'ajustement entre la création de la valeur marchande et sa réalisation effective.

Les passifs sont définis par le PCG comme « les éléments du patrimoine ayant une valeur économique négative pour l'entreprise ». On peut dire aussi qu'ils représentent les obligations de l'entreprise à l'égard des tiers à un moment donné. Outre les dettes, le passif du bilan comprend le capital. Si, pour les économistes, le capital représente généralement la valeur monétaire d'un stock de biens à un instant donné, pour les comptables d'entreprise, ce sont les valeurs apportées par les propriétaires de l'entreprise lors de sa création et ultérieurement, à l'occasion d'une éventuelle augmentation de capital : cela constitue le capital social de l'entreprise ; il s'y ajoute, au fil des ans, les bénéfices accumulés, non distribués aux propriétaires et mis en réserve. L'ensemble du capital social et des réserves est appelé capitaux propres de l'entreprise.

4. Charge, actif, investissement

La notion de charge est multiforme. Elle recouvre aussi bien :
— des consommations de biens et de services au cours des opérations d'exploitation ;
— des dépenses d'entretien, d'amélioration et de conservation des actifs ;
— des dépréciations réversibles et irréversibles des éléments d'actif, enregistrées sous la forme de provisions et d'amortissements ;
— des prélèvements opérés par des tiers en vertu d'obligations légales ou de conventions (impôts et taxes, redevances...) ;
— des pertes (sur des créances irrécouvrables ; moins-values à l'occasion de cession d'actifs...).

Une partie des débours et les dépréciations concernent ce qu'on appelle, en termes comptables, l'actif de l'entreprise.

La notion d'actif est plus homogène que celle de charge, mais on peut en donner au moins deux définitions qui relèvent de deux conceptions différentes :
— l'une se réfère simplement au patrimoine : c'est l'ensemble des valeurs possédées par l'entreprise (ses avoirs), ou, en d'autres termes, l'emploi qui a été fait des ressources confiées par les apporteurs de capitaux (conception du plan comptable français) ;
— l'autre retient que les actifs sont des valeurs qui sont susceptibles de procurer des avantages économiques futurs, c'est-à-dire d'engendrer directement ou indirectement des flux positifs de

liquidités ou d'équivalents (conception du Financial Accounting Standards Board, organisme de normalisation comptable américain, et de l'IASC).

Ce qui différencie notamment les deux conceptions, c'est que, pour la première, un élément ne peut être considéré comme un actif que s'il est la propriété de l'entreprise ; alors que, pour la seconde, le contrôle de l'élément par l'entreprise suffit à en faire un actif. Le débat le plus important résultant de cette divergence a concerné les biens utilisés dans le cadre d'un contrat de crédit-bail qui, pour la comptabilité française, ne sont pas des actifs.

Certaines dépenses ne sont donc pas considérées comme des charges, mais comme des augmentations d'actif, ce que les économistes nomment investissements et les comptables acquisitions d'immobilisations. Il s'agit d'éléments qui ont vocation à servir durablement dans l'entreprise et donc concourent à la formation de son produit pendant plusieurs exercices ; ils ne se consomment pas durant le premier exercice de leur utilisation.

Pour les immobilisations qui se déprécient régulièrement avec le temps et l'usure, la charge est constituée par l'amortissement qui est une fraction de la valeur d'acquisition du bien. Celle-ci est ainsi répartie sur sa durée probable d'utilisation selon des montants annuels calculés de manière conventionnelle, et représente la charge comptable pour chacun des exercices concernés.

Si une charge peut donc être considérée comme une consommation de ressources physiques, l'investissement apparaît comme une source de création de valeur nouvelle. Une charge présente donc un caractère de déperdition de valeur, généralement irréversible, alors qu'un investissement est une valeur économique positive qui accroît les actifs de l'entreprise et peut être éventuellement réalisée (cédée) au cours d'un exercice ultérieur.

En fait, l'opposition n'est pas aussi marquée pour certaines dépenses et la doctrine comptable continue de débattre sur la manière de traiter des dépenses telles que la formation, la recherche-développement, les marques et les dépenses d'entretien et de réparations.

5. La valeur

Tous les mouvements qui affectent le patrimoine de l'entreprise et sont enregistrés par la comptabilité doivent trouver une traduction en valeur monétaire. Or, le concept de valeur est l'un des plus difficiles et des plus controversés dans les théories économiques depuis deux siècles. La comptabilité n'échappe pas à cette difficulté : elle reste ouverte à toutes les conceptions (notamment valeur-coût et valeur-utilité) d'autant plus que la valeur est un élément subjectif affecté par le point de vue d'où l'on se place et par le moment où l'on effectue l'évaluation.

Finalement, le point de vue retenu est celui de l'entreprise et l'évaluation se refère à une conception de valeur-prix de marché. On devrait dire plus exactement *prix de transaction*, car le marché est aussi une notion abstraite qui n'existe pas dans toutes les situations transactionnelles.

A la date d'entrée des biens dans le patrimoine de l'entreprise, l'évaluation est fondée sur la méthode des coûts historiques, c'est-à-dire que la valeur retenue est le coût d'achat s'il s'agit d'un bien acquis, du coût de production s'il s'agit d'un bien fabriqué par l'entreprise et de la valeur vénale dans le cas d'un bien acquis à titre gratuit.

Lorsque s'effectue la clôture de l'exercice, la valeur d'inventaire est la valeur actuelle à cette date, c'est-à-dire une estimation qui s'apprécie en fonction du marché et de l'utilité du bien pour l'entreprise. Mais en vertu d'une convention établie par les comptables, appelée principe de prudence, si la valeur actuelle de certains actifs est supérieure à leur valeur d'entrée, on ne comptabilisera pas le supplément de valeur non réalisé qu'on appelle plus-value latente. Dans le cas inverse, la dépréciation doit être enregistrée sous la forme d'une provision qui constitue une charge pour l'exercice en cause. Mais dans certains pays (anglo-saxons notamment), le coût historique peut être actualisé, c'est-à-dire réévalué en fonction de l'évolution générale des prix au moment de l'établissement des états financiers. Une méthode consiste alors à substituer au coût historique des immobilisations une *valeur de remplacement*, c'est-à-dire ce que coûterait à l'entreprise un élément semblable à cette date.

6. L'activité et le cycle d'exploitation

L'activité d'une entreprise se caractérise d'abord par son exploitation. L'exploitation nécessite des approvisionnements qui donnent lieu à des achats réguliers de biens et de services auprès de tiers (les fournisseurs). Ils entrent dans le cycle d'exploitation de l'entreprise (on les appelle alors intrants) pour être consommés, transformés, conditionnés..., donner naissance à des produits et être prêts à être livrés sur le marché : ce sont les marchandises, matières premières, matières et fournitures consommables (exemple : l'énergie).

Cela constitue donc des charges. L'exploitation nécessite également le recours à des services marchands (assurances, publicité, transports...) et l'acquittement d'impôts, taxes et prélèvements divers au profit de l'État et des autres collectivités publiques qui constituent ainsi d'autres charges.

L'entreprise emploie des personnes salariées dont les rémunérations directes et indirectes constituent les charges de personnel (masse salariale et charges sociales). L'ensemble de toutes ces charges constitue les charges d'exploitation.

Lorsque les produits ont trouvé des acquéreurs et leur sont livrés, l'entreprise facture à ceux-ci (les clients) le prix des biens et des services vendus. La totalité de ces ventes sur une période donnée constitue le chiffre d'affaires. Il faut toutefois noter que l'enregistrement en comptabilité s'effectue (comme pour les achats) généralement avant que la contrepartie monétaire de l'échange n'ait été effectuée : en effet, les usages courants, du moins entre entreprises, laissent un certain délai entre la date de la facturation et la date du règlement (de quelques jours à plusieurs mois).

Pour mener à bien son activité, l'entreprise a besoin de moyens d'exploitation durables qui ont été constitués par les investissements réalisés autant pour maintenir sa capacité de production que pour croître ou se diversifier. La valeur de ces moyens d'exploitation durables est enregistrée comptablement à l'actif du bilan de l'entreprise sous le terme « immobilisations ». On distingue trois sortes d'immobilisations selon leur nature :

— les immobilisations corporelles regroupant les terrains, les constructions, les installations techniques, les matériels et outillages, ainsi que les équipements administratifs et commerciaux ;

— les immobilisations incorporelles constituées par les investissements immatériels, tels que brevets, logiciels, marques, mais aussi frais d'établissement, fonds commercial et recherche-développement (sous des conditions strictes dans la comptabilité française) ;

— les immobilisations financières constituées essentiellement par les titres de participation dans d'autres entreprises (actions) et par des créances à long terme ou des valeurs mobilières immobilisées (que l'entreprise a l'intention de conserver durablement, exemple : des obligations).

7. Capital et dettes

Ce sont les ressources financières dont dispose l'entreprise pour son cycle de financement ; elles composent le passif du bilan.

Le capital, au sens comptable, est formé à la création de l'entreprise des apports des actionnaires ou associés ; ces apports (en numéraire ou en nature) trouvent leur contrepartie dans la remise à ceux-ci d'actions ou de parts sociales qui représentent leurs droits de propriété sur l'entreprise. Par la suite, ils ont toujours la possibilité d'augmenter ce capital par de nouveaux apports ou en incorporant des réserves (profits accumulés au fil des ans).

En effet, une autre ressource de financement qui appartient, en propre, à l'entreprise, provient précisément des résultats bénéficiaires qui n'ont pas été distribués aux actionnaires ou aux associés et qui restent ainsi à sa disposition : il s'agit de l'autofinancement net qui vient donc accroître ses moyens financiers. L'ensemble du capital et des réserves accumulées par autofinancement constitue les « capitaux propres ».

Les autres ressources financières dont peut disposer une entreprise proviennent de l'endettement : les emprunts contractés auprès des organismes financiers ou par émission d'obligations, les dettes financières diverses et les dettes nées de l'activité d'exploitation (fournisseurs, salariés, organismes sociaux, État...).

8. Emplois et ressources

Ces termes sont fréquemment utilisés dans le langage des comptables et, encore plus, dans celui des analystes financiers et des enseignants. Il s'agit là des emplois financiers et des ressources financières et non physiques.

Les ressources financières, comme on vient de le voir, sont constituées par les capitaux propres et les dettes. Elles sont répertoriées dans le passif du bilan de l'entreprise qui montre ainsi, à la fois, l'*origine des fonds* dont dispose l'entreprise et les engagements qu'elle a vis-à-vis des tiers.

Les *emplois* de ces fonds figurent à l'actif du bilan qui regroupe l'ensemble des immobilisations, les stocks (ou valeurs d'exploitation), les créances ainsi que les disponibilités de trésorerie.

IV / Le cadre d'expression de la comptabilité

La comptabilité a pour mission d'établir et de transmettre des informations à destination des gestionnaires et des partenaires de l'entreprise. Ces informations sont exprimées dans un cadre formel et logique, comme le langage humain constitue, lui aussi, un cadre d'expression avec sa structure, sa syntaxe. Le cadre d'expression de la comptabilité est actuellement celui de la partie double, mais d'autres systèmes sont possibles.

1. La modélisation des transactions de l'entreprise

La comptabilité décrit les transactions du seul point de vue de l'entreprise. Le déroulement du processus comptable implique d'abord une modélisation financière de l'entreprise et de ses transactions. Les transactions sont dites externes car elles mettent en jeu des partenaires extérieurs à l'entreprise. Ces transactions se fondent sur un contrat (de vente, de société, de travail...) ou sur une obligation de nature légale (perception d'impôts, de cotisations sociales...).

La transaction comporte un double mouvement :
— un flux physique : fourniture d'un bien ou d'un service ;
— un flux financier, inverse du précédent, constituant la contrepartie de l'échange.

En prenant l'exemple d'une transaction portant sur des marchandises (vente-achat), on peut ainsi schématiser ce double flux (page suivante).

Le point de départ de la transaction est chez le vendeur le point Ev (stock de marchandises), origine du flux physique. La destination de ce flux est chez l'acheteur le point Ra. La contrepartie du flux physique est un flux financier qui a pour origine chez l'acheteur le point Ea et pour destination le point Rv chez le

	Vendeur		**Acheteur**
Niveau physique	Ev	Flux de marchandises →	Ra
Niveau financier	Rv	← Flux financier	Ea

vendeur (si, par exemple, la vente a eu lieu au comptant et en liquide, les points Ea et Rv sont matérialisés par les caisses respectives des deux entreprises).

Pour l'acheteur, son achat constitue une charge qui est la traduction financière d'une consommation de ressource physique (Ra) et représente un emploi financier (Ea), en l'occurrence une sortie d'argent liquide. Au contraire, pour le vendeur, l'emploi physique que constitue sa diminution de stock (Ev) lui procure une ressource financière (un produit d'exploitation) (Rv).

Il est important de bien comprendre que la comptabilité ne saisissant pas les flux physiques, c'est uniquement le niveau des mouvements financiers qui apparaît dans les documents comptables ; les flux physiques, bien réels, sont donc occultés, mais n'en sont pas moins sous-jacents.

Le *schéma de circulation du capital-argent* permet de comprendre, du point de vue de l'entreprise, les mouvements et les transformations du capital que va devoir saisir la comptabilité.

A l'origine, un certain montant de capital (A) est à la disposition de l'entreprise par apport de ses propriétaires ou par emprunt (ces sommes figurent au passif du bilan). Ces capitaux sont convertis en moyens de production, c'est-à-dire qu'ils sont utilisés à l'acquisition des différents éléments indispensables pour assurer l'activité d'exploitation : terrains, constructions, machines, matériel, etc. (capital fixe) ainsi que des matières premières, des services et de la force de travail salariée (capital circulant). On trouve la valeur de ces éléments à l'actif du bilan à une date donnée et au compte de résultat pour une période. Sous la responsabilité des dirigeants de l'entreprise, ces moyens de production vont être combinés pour entrer dans un processus de production qui doit aboutir à la fabrication de produits (biens matériels et services), dont la valeur est appréciée en coût de production par la comptabilité analytique. Ces produits sont ensuite mis à la disposition des marchés (une partie éventuellement stockée) et deviennent des marchandises, dont la valeur est appréciée aux prix de marché. Une fois leur valeur réalisée, c'est-à-dire vendue, et le règlement monétaire effectué, l'entreprise encaisse un certain montant d'argent (A'). On s'attend généralement à ce que A' soit supérieur à A. Tout le problème de la comptabilité est de

Schéma de circulation du capital-argent

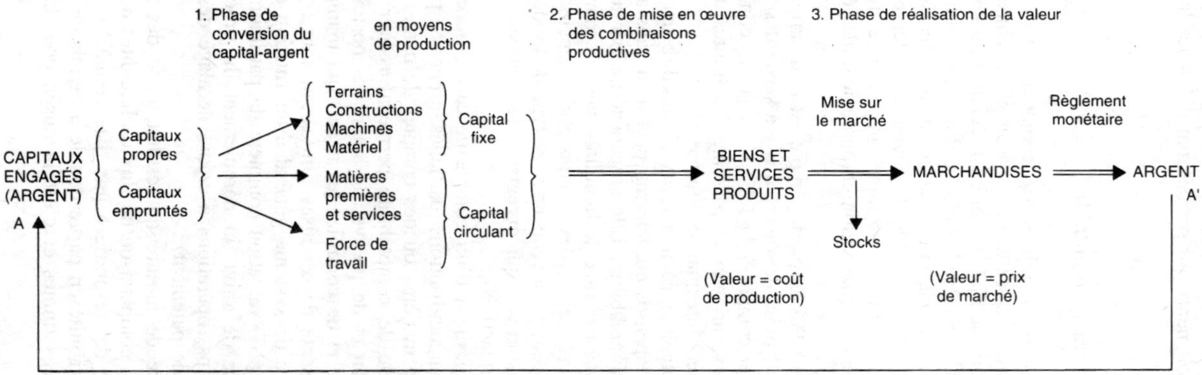

fournir les éléments qui permettront d'évaluer la différence entre A et A'.

2. L'architecture comptable

A la base de l'architecture comptable, il y a la notion de compte. Mais, sur cette base, peuvent se construire différentes sortes de comptabilité. En effet, l'architecture comptable n'est ni immuable ni universelle. Elle a d'ailleurs évolué passant de la partie simple à la partie double que nous connaissons aujourd'hui. Elle est encore susceptible d'évoluer avec des modèles à parties multiples. La notion de compte suppose une mémorisation thématique et une mémorisation chronologique des événements enregistrés.

La comptabilité en partie simple est la description d'opérations selon un seul point de vue et il n'y a saisie des informations que dans un seul compte à la fois. Ce type de comptabilité connaît deux grandes variantes et présente des limites dans l'étendue et la qualité de l'information fournie :

— la comptabilité de trésorerie, c'est-à-dire une comptabilité en recettes et dépenses que chacun peut tenir sans avoir de connaissances en comptabilité. Elle se caractérise par un enregistrement chronologique des flux de liquidités dans un journal et parfois un classement thématique des recettes et des dépenses (dans des chapitres). On peut aussi rencontrer ce type de modèle dans la comptabilité « matières » qui enregistre des entrées et des sorties en nature (en quantités) ;

— la juxtaposition d'un compte de caisse (recettes/dépenses) et d'autres comptabilisations partielles séparées, par exemple une comptabilité matières ou des comptes de tiers.

Ce modèle de comptabilité permet d'assurer les fonctions de mémorisation et de preuve, de suivre les postes de dépenses et la trésorerie et de contrôler les agents qui manipulent les fonds, mais il présente de sérieuses limites qui sont :

— l'absence de système général d'information de l'entreprise ;

— l'absence d'évaluation complète du patrimoine ;

— l'absence de suivi du déroulement du processus d'échange dans le temps (opérations à crédit, décalage des règlements dus aux délais de paiement) ;

— l'absence de mesure du résultat, donc des performances de l'activité (la comparaison de flux de liquidités ne pouvant fournir qu'un solde de trésorerie à une date donnée).

La comptabilité en partie double a permis en grande partie de surmonter ces limites et c'est la raison pour laquelle elle s'est imposée à partir du XVIe siècle avec le développement des échanges marchands à crédit et à grande distance. C'est donc ce modèle actuellement dominant qui est décrit dans cet ouvrage.

Néanmoins, le système comptable actuel a subi, au cours de ces dernières années, de nombreuses critiques dues notamment à l'insatisfaction des utilisateurs et les moyens informatiques semblent pouvoir apporter des solutions techniques à des demandes croissantes en matière d'analyse financière, d'évaluation des coûts et de gestion budgétaire. Des propositions ont été avancées pour dépasser la partie double et lui substituer une comptabilité multidimensionnelle que nous présenterons dans la dernière partie (chapitre IX).

3. L'équilibre interne de la comptabilité en partie double

La logique formelle et la cohérence interne du modèle comptable utilisé par les entreprises reposent sur la technique de la partie double. Il existe plusieurs manières d'expliquer et d'interpréter la partie double. Les deux les plus fréquemment utilisées sont l'approche par les flux et l'approche patrimoniale. La présentation portera sur la structure de la technique, sur la double détermination du résultat, sur les avantages et limites de ce modèle comptable.

La structure interne de la partie double

Selon la partie double, un événement est décrit à la fois de deux points de vue différents. Ainsi lorsqu'un client règle une vente au comptant à l'entreprise : l'entreprise obtient, grâce à la sortie des marchandises du stock, une ressource définitivement acquise (premier point de vue) ; sa trésorerie s'améliore simultanément (second point de vue).

Plus généralement, lorsque la firme réalise une opération d'échange avec un partenaire (achat à un fournisseur, vente de produits à un client...), cette opération nécessite deux flux de sens contraire, un de nature monétaire, un de nature physique.

La comptabilité de l'entreprise ne constate pas ces deux flux, mais précisement le départ et l'arrivée de la valeur.

La ressource nouvelle pour l'entreprise trouve son origine dans la *vente*. La présence de ces fonds dans la trésorerie de l'entreprise constitue l'emploi (ou destination) de cette ressource.

L'entreprise exerce une activité économique qui doit l'enrichir. Elle reçoit des ressources qu'elle emploie pour mettre en œuvre

Traduction comptable en partie double :

EMPLOI ←—————————— RESSOURCE
= =
existence des fonds en caisse vente

ENTREPRISE

des moyens et des facteurs qui sont à la base de la création de richesse.

Un jeune diplômé en gestion démarre une activité de conseil. On relève parmi ses premières opérations :
— *événement 1* : facturation à un client d'une prestation de services : 5 200 francs au comptant ;
— *événement 2* : achat à crédit de 4 000 francs de fournitures de bureau à un fournisseur.

E1. — La vente de services fait naître une ressource nouvelle pour l'entreprise, elle en est l'origine ; la condition de paiement au comptant implique que l'emploi de cette ressource soit la trésorerie.

E2. — L'achat de fournitures de papeterie est une façon d'utiliser des fonds, c'est un emploi. Ce qui a permis cet emploi, c'est le délai de paiement accordé par le fournisseur, le « crédit-fournisseur » constitue l'origine de cette ressource.

On notera :

	Emplois	*Origines*
E1	5 200 (trésorerie)	5 200 (vente)
E2	4 000 (achat)	4 000 (crédit fournisseur)
Total	9 200	9 200

Toute ressource (reçue ou créée) a une origine (vente, crédits obtenus, apport de l'entrepreneur ou des associés) et un emploi (achat d'un équipement, rémunération, dépôt en banque, créances...). A tout instant donc, un équilibre formel est permis par la double transcription de chaque opération, ainsi :

Total des emplois = Total des origines (des ressources)

Chaque aspect d'une opération est classé et enregistré dans un compte. Les données saisies sont au moins l'identité du compte (trésorerie, c'est-à-dire caisse, s'il s'agit d'espèces ou banque pour un paiement par chèque), le sens du mouvement (emploi ou ressource), la date et la référence à l'opération (E1), le montant (5 200).

La ventilation des emplois/ressources entre patrimoine et activité

Le temps comptable est découpé en périodes finies de durée conventionnelle, l'exercice. Le comptable présente une synthèse des informations à la fin de chaque période.

Certains emplois et ressources ne concernent qu'une période comme une vente ou un achat de marchandise. Ce sont des mouvements de valeurs traduisant des passages définitifs entre le patrimoine de l'entreprise et son environnement : la vente est faite, le contrat est réalisé constituant une ressource définitivement acquise. De même, la rémunération d'un salarié pour le travail apporté dans la période est un emploi définitivement consommé. Ces emplois et ces ressources sont liés à l'*activité de la période.*

D'autres emplois et ressources, en revanche, peuvent concerner plusieurs périodes. Ce sont des emplois conservés comme les créances (qui seront encaissées sur une prochaine période) ou des matériels et équipements qui servent à plusieurs cycles d'exploitation, donc à plusieurs périodes. Ce sont des ressources à restituer soit à des associés, soit à des prêteurs. On parle alors d'éléments de structure, ou *patrimoine*.

Ainsi, on peut répartir les éléments précédents :

Activité	
4 000 (achat consommé)	5 200 (ressource vente)
Patrimoine	
5 200 (trésorerie)	4 000 (crédit fournisseur)

Plus généralement, emplois et ressources se répartissent ainsi :

	Emplois	*Ressources*
Activité	consommés, définitifs	créées, définitives
Patrimoine	conservés, en attente, susceptibles d'appropriation	concédées par des partenaires, à leur restituer

C'est cette ventilation des comptes entre éléments de patrimoine et éléments d'activité qui permet une double détermination du résultat. L'enrichissement ou l'appauvrissement durant la période peut être mesuré par la différence entre les ressources et les emplois liés à l'activité :

Ressources créées [5 200] – Emplois consommés [4 000] = Résultat [1 200]

Il peut être également mesuré par la différence entre les emplois et les ressources liés à la structure (patrimoine) :

Emplois conservés [5 200] – Ressources obtenues [4 000] = Résultat [1 200]

A partir du double enregistrement lié à la « partie double » et à la ventilation des comptes entre activité et patrimoine, on peut présenter deux types d'informations :

	Emplois	*Ressources*
Activité	4 000	5 200
Patrimoine	5 200	4 000
	9 200	9 200

Deux présentations synthétiques des opérations peuvent alors être obtenues :

Une synthèse sur le patrimoine		*Une synthèse sur l'activité*	
E	R	E	R
5 200	4 000	4 000	5 200
différence de 1 200		1 200	

Ce supplément de 1 200 de ressources générées par l'activité de la période explique la variation de ressources disponibles pour les périodes suivantes.

Les emplois liés au patrimoine sont des actifs, ceux liés à l'activité sont des charges. Les ressources créées par l'activité sont des produits, celles liées au patrimoine sont des passifs.

La synthèse sur le patrimoine est appelée *bilan*, celle sur l'activité est appelée *compte de résultat*. Ces deux synthèses sont imbriquées entre elles par la détermination du résultat.

L'interprétation patrimoniale de la partie double

Le bilan constitue le point de départ du raisonnement. La technique de la partie double permet de traduire les incidences des opérations sur les composantes du bilan, donc sur le patrimoine. Le bilan, en effet, représente à une date donnée le patrimoine de l'entreprise c'est-à-dire ses actifs (A) et ses dettes (D). La différence entre les deux traduit la richesse des propriétaires, c'est la situation nette (S) qu'on peut appeler capitaux propres malgré quelques nuances.

Bilan

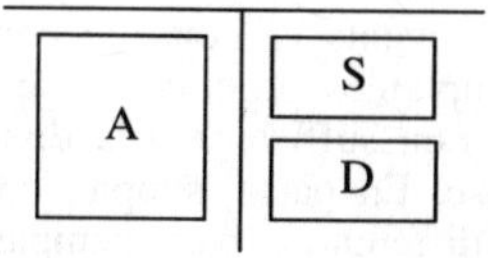

On vérifie donc l'équation A = S + D ou encore A – (S + D) = 0.

Les opérations effectuées par l'entreprise entraînent des mouvements qui affectent les éléments de cette équation.

Ainsi, l'événement E1 (achat de 4 000 F de fournitures) fait naître une obligation nouvelle, dette envers le fournisseur. Simultanément, il y a réduction de la situation nette et plus particulièrement du résultat de la période :

$$A - (S - 4\,000 + D + 4\,000) = 0$$

E2 : il y a accroissement de la trésorerie (actif) avec en contrepartie une vente qui contribue à l'augmentation de la situation nette (résultat de la période) :

$$A + 5\,200 - (S + 5200 + D) = 0$$

On voit aussi que lorsque le jeune entrepreneur réglera la facture du fournisseur papetier, la trésorerie sera réduite par le règlement effectué, en contrepartie la dette s'éteint :

$$A - 4\,000 - (S + D - 4\,000) = 0$$

Selon l'interprétation patrimoniale de la partie double, tout mouvement portant sur un élément de bilan est accompagné d'un mouvement (sur un ou plusieurs autres éléments de bilan) de même montant et dont le sens est tel que l'égalité A – (S + D) = 0 soit toujours obtenue.

Parmi les critiques faites à cette interprétation, on peut en signaler deux. Une connaissance préalable du bilan est nécessaire avant même l'apprentissage de l'analyse des opérations et de la méthode comptable. Le compte de résultat (synthèse de l'activité) a ici une importance mineure par rapport à celle du bilan. Il apparaît plutôt comme l'ensemble des réductions et des accroissements de la rubrique « Résultat » de la situation nette.

Les avantages et limites de la technique de la partie double

Si la comptabilité en partie double déjà pratiquée par les marchands de la fin du Moyen Age n'a cessé de se diffuser, c'est bien parce qu'elle procure à ses utilisateurs des avantages indéniables. La « double saisie » permet de contrôler la qualité arithmétique des enregistrements et donc de contribuer à la fiabilité des informations comptables produites. Elle constitue une condition nécessaire mais non suffisante à la double détermination du résultat de l'entreprise. En partie simple, on ne peut faire apparaître qu'une seule différence (par exemple, à partir d'un seul enregistrement des recettes et des dépenses, on ne peut obtenir

Domaine	*Comptabilité analytique*	*Comptabilité publique*	*Comptabilité nationale*
Objectifs	Connaître les coûts et résultats par produit.	Suivre les opérations financières de l'État, donc informer sur la gestion des deniers publics.	Représenter les flux d'activité économique dans la nation et les relations avec l'étranger, informer les décideurs politiques.
Entité modélisée	Toute organisation vue comme un processus de production de biens et services.	Les administrations.	La nation : l'ensemble des agents nationaux privés et publics.
Concepts clés	Charge, coût, centre, activité, écart réel/prévu.	Recette, dépense, ordonnancement.	Agent, secteur, flux, cadre central.
Informations produites	Résultat analytique, coût de revient, budget.	Budget, compte définitif, compte général.	Agrégats et tableaux synthétiques.

qu'un « résultat », le reliquat de trésorerie). Pour dépasser cette contrainte, un double enregistrement est donc nécessaire. On a vu cependant qu'il faut encore procéder à une répartition des emplois et ressources en deux catégories patrimoine/activité pour produire une double mise en évidence du résultat de l'entreprise. La prise en compte symétrique des éléments (la ressource et l'emploi qui représente sa destination sont de même montant) entraîne l'équilibre formel *emplois = ressources*. C'est ce qui va permettre le contrôle des comptes et la vérification des égalités.

En dépit de ses atouts, la partie double ne décrit la réalité que selon deux points de vue ; elle laisse donc de côté d'autres perspectives comme les variations de flux de trésorerie, la formation des coûts. Elle ne fournit pas une exploitation complète de l'information.

Domaine	*Comptabilité générale*	*Comptabilité des sociétés*	*Comptes consolidés*
Objectifs	Informer sur les transactions de l'entreprise avec ses partenaires.	Informer sur les transactions entre société et bailleurs de fonds.	Informer sur la situation financière d'un groupe de sociétés liées par des participations financières.
Entité modélisée	Entreprise comme entité économique.	Entreprise sous forme sociétaire.	Groupe de sociétés.
Quelques concepts clés	Résultat : emploi/ressource, actif/passif, charge/produit, capital.	Les mêmes + actionnaires, obligataires, dividendes.	Les mêmes + périmètre de consolidation, contrôle, intérêts minoritaires.
Informations produites	États de synthèse : bilan, compte de résultat, annexe.	Les mêmes états de synthèse que pour les entreprises en général.	États de synthèse consolidés dont bilan consolidé.

La comptabilité est un moyen de communication qui relie les agents économiques et sociaux en éclairant leurs prises de décision. Système d'organisation de l'information financière, elle s'inscrit dans un cadre dont plusieurs éléments viennent d'être présentés :

— les objectifs fondamentaux et les utilisateurs ;
— les dimensions espace/temps et les postulats qu'elles fondent ;
— les concepts et notions de base ;
— le procédé mis en œuvre pour décrire l'entreprise et ses transactions, à savoir la partie double.

La prise en considération de ces cinq éléments aide à délimiter les frontières de la comptabilité et plus particulièrement de la comptabilité privée au carrefour de l'économique, du juridique et du social. Dans le système de formation français, l'existence d'enseignements de comptabilité aux dénominations différentes peut laisser une impression de fractionnement du domaine comptable et d'ésotérisme des techniques. Mettre en évidence les objectifs poursuivis et les entités concernées permet de dégager à la fois l'unité du champ de la comptabilité et la spécificité de chaque domaine.

DEUXIÈME PARTIE / LA PRODUCTION DE L'INFORMATION COMPTABLE

Une analogie existe entre la fabrication d'un bien ou d'un service et l'établissement de documents comptables. La matière première injectée dans le « système de production » est l'information de base relative à une opération économique effectuée par l'entreprise. Elle est traitée par une « main-d'œuvre » composée des comptables salariés et des experts-comptables qui les conseillent et contrôlent le respect des règles et des normes. Le matériel est constitué des systèmes informatiques, logiciels, réseaux, etc.

Mais l'information est aussi traitée selon des « normes de fabrication », normes de sécurité et de qualité, comme c'est le cas dans le domaine industriel. Dans le domaine comptable, les normes émanent du législateur, des organismes de normalisation et des professionnels. Elles portent tant sur le produit fini lui-même (bilan, compte de résultat, annexe) que sur le processus de fabrication. C'est pourquoi l'information comptable et particulièrement les documents annuels de synthèse sont l'aboutissement d'un processus de fabrication et de traitement qui met en jeu des méthodes, des règles et des procédures qui s'inscrivent elles-mêmes dans un cadre de principes généraux et de conventions.

V / Les principes et conventions comptables

C'est à la fin des années trente qu'apparaissent les premières formulations de principes comptables généraux (1936 et 1941 aux États-Unis, 1942 au Royaume-Uni). Elles émanent d'organismes professionnels ou des communautés académiques et correspondent aux principes généralement reconnus, acceptés et appliqués par les entreprises et leurs comptables. En France, le droit commercial énonce plusieurs principes qui font partie depuis 1983 du cadre comptable légal. Pourquoi des principes apparaissent-ils nécessaires, qu'ils émergent d'un consensus professionnel ou qu'ils soient codifiés clairement par des instances nationales de normalisation ? En quoi consistent ces principes comptables ? Sont-ils définis de la même manière dans tous les pays ?

1. Principes, règles et normes

Lorsque les hommes évoluent et agissent dans un contexte de liberté et d'incertitude, un besoin de régulation se fait jour. On peut tenter de répondre à ce besoin par le mécanisme du marché, par la loi, donc par des règles du jeu quelles qu'elles soient. Les règles du jeu comptable — qu'on les appelle principes, règles, conventions ou normes — sont donc développées pour limiter et délimiter la liberté des entreprises et pour constituer un guide d'action pour les comptables. Cette fonction est d'autant plus nécessaire que l'information comptable est en partie destinée aux tiers. Ces utilisateurs n'ont le plus souvent accès à la réalité de l'entreprise qu'à travers la représentation qu'en donne la comptabilité, ils sont en situation d'« asymétrie informationnelle » vis-à-vis des dirigeants. Afin notamment de protéger l'intérêt des utilisateurs des documents comptables, dans la plupart des pays, ont été élaborés des systèmes de normalisation de la comptabilité destinée aux tiers. Ces normes ont pour but d'assurer un niveau requis de qualité des informations comptables produites. Au-delà de différences nationales, les qualités le plus généralement visées sont l'utilité pour les décisions des utilisateurs (appelée encore pertinence), la fiabilité et la comparabilité. Les différents dispositifs de normalisation portent sur trois niveaux plus ou moins développés.

• Il s'agit tout d'abord des *objectifs* et des *concepts*. Ce niveau est par exemple largement explicité aux États-Unis où le cadre conceptuel (système cohérent de doctrine dont la finalité est de permettre l'élaboration des normes) définit l'utilité décisionnelle comme le but privilégié des documents comptables de qualité.

• Les *principes* et *conventions* comptables apportent des réponses générales à des problèmes larges. Ils sont liés soit au modèle comptable existant — celui de la comptabilité d'engagement en partie double — et à ses postulats, soit à la prise en compte des besoins généraux des lecteurs — comprendre l'information disponible pour l'utiliser —, soit encore aux différents contextes économiques et juridiques nationaux. Ces principes sont mis en œuvre le long du processus de traitement de l'information et lors de la présentation des documents publiés.

• Les *règles comptables* apportent des solutions précises et détaillées à des problèmes d'étendue limitée. Ainsi, elles fournissent des réponses opérationnelles, par exemple, en termes de date à retenir pour un enregistrement, de comptes concernés par l'opération (le plan comptable français comporte une nomenclature très détaillée des comptes) ou de méthodes d'évaluation. Les règles sont souvent liées aux principes comptables dont elles constituent des déclinaisons, mais cette construction logique ne se vérifie pas toujours. En France, notamment, l'ample accumulation de règles a précédé la formulation des principes généraux et l'interférence de règles fiscales introduit parfois des incohérences entre règles, principes et objectifs (la France est un pays dit « d'alignement », c'est-à-dire que les règles comptables s'alignent sur les règles fiscales).

Parmi les principes comptables, certains sont étroitement liés au cadre comptable et découlent plus particulièrement du postulat de périodicité ; d'autres visent à garantir une meilleure lisibilité des documents comptables par les tiers ; un troisième groupe de principes à caractère plus conventionnel et contingent se dégage.

2. Les principes comptables liés au temps

Parce qu'on doit « rendre compte » régulièrement, le temps comptable est découpé en périodes, les exercices, à la fin desquels les informations sont établies et diffusées. Mais les fonctions de mémoire du passé et d'utilité pour les dirigeants et les tiers conduisent à rétablir cette continuité temporelle de l'entreprise et de sa représentation. Trois principes comptables se fondent sur le postulat de périodicité et illustrent cette préoccupation.

Le principe de séparation ou d'indépendance des exercices

Pour calculer le résultat d'un exercice, il faut au préalable rattacher les charges et les produits à cette période. Les textes comptables français font référence à ce principe de découpage du temps : « Le compte de résultat récapitule les produits et les charges de l'exercice, sans qu'il soit tenu compte de leur date d'encaissement ou de paiement. » La date d'engagement des dépenses et des recettes constitue la référence pour le rattachement des opérations. A l'arrêté des comptes, il s'agit d'effectuer des régularisations (opérations imposées par le respect des règles) pour prendre en compte des charges et des produits « calculés ». Si, par exemple, une entreprise reçoit dans les tout derniers jours de l'exercice des marchandises livrées par un transporteur non accompagnées de la facture, elle doit néanmoins augmenter le total des achats de l'exercice du montant de cette livraison (juridiquement, le transfert de propriété traduit par la livraison est le « fait générateur » de l'opération) et constater une dette (appelée charge à payer). Les principales opérations de rattachement à l'inventaire sont la prise en compte de l'amoindrissement de la valeur d'actifs (amortissement et provisions), de dettes et créances potentielles (charges à payer, produits à recevoir), de charges et produits constatés d'avance, de charges survenues au cours de la période et à transférer (à répartir) sur les exercices futurs concernés.

L'application de ce principe n'est pas toujours aisée, c'est une difficulté particulière à la comptabilité d'engagement. Le rattachement est plus simple pour une comptabilité de trésorerie où la référence est la date d'exécution de la dépense ou de la recette (entrée ou sortie effective de trésorerie). En dépit de difficultés pratiques, ce principe est largement suivi dans les autres systèmes comptables nationaux. Aux États-Unis, un principe complémentaire découle de la séparation des exercices et aussi de la constatation des durées et des décalages des processus de production et de vente. Le principe de correspondance des charges et des produits (*matching principle*) préconise de rattacher aux produits d'un exercice les charges correspondant à l'utilisation, à la consommation de biens et de services nécessaires à la réalisation de ces produits.

Le principe de continuité d'exploitation

En dépit du découpage artificiel du temps comptable, le temps est continu, les activités de l'entreprise ne s'interrompent pas, sauf accident (une des finalités des entreprises est la survie, même si, plus spécifiquement, le profit, la croissance, l'indépendance sont poursuivis par elles ou leurs dirigeants). Les comptables supposent donc que l'entité entreprise continue de fonctionner dans une période de temps indéfinie et dans les mêmes conditions que par le passé : « [Pour l'établissement des comptes annuels] le commerçant [...] est supposé poursuivre ses activités » (art. 14, *C. com.*). Cela implique que l'évaluation du patrimoine à l'inventaire ne peut se faire en « valeur liquidative », méthode pertinente seulement au cas où l'entreprise cesse son activité, mais dans le cas général, toute autre méthode compatible avec la continuation économique de l'entreprise conviendra. La continuité de l'activité (*concept of a going concern* des Anglo-Saxons) justifie aussi le report de certains produits et charges sur les exercices futurs.

L'intangibilité du bilan d'ouverture

Ce principe pose la non-possibilité de remettre en cause l'image passée de l'entreprise donnée par ses comptes annuels. Le passage d'un exercice à l'autre n'entraîne pas à lui seul de modification dans la situation. Si des produits ou des charges ont été omis des exercices précédents, leur prise en compte ne modifie pas directement les capitaux propres (représentant les droits de propriété des actionnaires), mais apparaît en charges et produits (compte de résultat) de manière à ne pas perdre de l'information et à stabiliser l'information déjà communiquée. Ces trois principes — indépendance des exercices, continuité de l'exploitation, intangibilité du bilan d'ouverture — découlent du postulat relatif au temps : le temps est continu, la discontinuité traduite par l'arrêté des comptes est artificielle et dictée par les besoins de l'information des tiers.

3. Les principes liés à la lisibilité des documents comptables

Le lecteur des documents comptables n'est pas toujours un spécialiste de la comptabilité et il ne dispose que des informations comptables externes (comptes annuels). Sa capacité à les comprendre et à s'y fier n'est pas illimitée. Les comptables respectent donc certains principes qui améliorent la lecture des documents en favorisant leur caractère stable et significatif.

La permanence des méthodes

Alors que la normalisation dans son ensemble assure une comparabilité des comptes dans l'espace (entre les entités), ce principe de permanence fonde la comparabilité dans le temps. Les méthodes d'évaluation et la présentation des comptes doivent être maintenues d'un exercice à l'autre. Toutefois, si des modifications exceptionnelles nécessitent le changement des méthodes, règles ou procédures appliquées par l'entreprise, ces changements de méthode doivent être signalés aux lecteurs des états financiers et justifiés (en France, ces informations sont mentionnées dans l'annexe). Les états comptables nord-américains sont également établis dans un souci de stabilité des procédures et de présentation (*consistency principle*).

Le principe de non-compensation

Ce principe est formulé dans les normes internationales et les comptabilités européennes harmonisées par la quatrième directive, et donc dans le cadre comptable français. Il interdit d'opérer des compensations entre les postes d'actif et de passif du bilan ou entre les postes de charges et de produits du compte de résultat, et exige une évaluation séparée des éléments du patrimoine (art. 13, *C. com.*). Ainsi, une entreprise qui contracte avec le même tiers une dette et une créance (achat de services et vente de marchandises, par exemple) doit constater et mentionner séparément ces deux éléments correspondants à deux situations juridiques distinctes. Quelques cas précis de dérogation sont prévus par le plan comptable français. Ce principe évite donc une perte d'information et sert la fonction juridique de la comptabilité.

Le principe d'importance relative ou significative

Les états financiers doivent révéler toutes les opérations jugées importantes et communiquer toutes les informations pouvant avoir une influence sur les évaluations et les décisions des tiers. Cette approche met en lumière l'importance des capacités de jugement et de discernement requises chez les comptables, elle est surtout privilégiée dans les pays anglo-saxons. En France, ce principe est évoqué pour l'établissement et la présentation de l'annexe, le troisième des documents comptables légaux fournit les compléments d'information et les explications nécessaires à une bonne compréhension du bilan et du compte de résultat afin de présenter une « image fidèle ».

4. Les principes ou conventions d'évaluation

D'autres principes comptables sont appliqués. Ils ne découlent pas logiquement du cadre théorique comptable ni des objectifs de qualité des documents produits. En revanche, ils sont liés à des spécificités et des cultures nationales ; en cela, ils sont plus conventionnels que logiques.

La méthode des coûts historiques

L'évaluation du patrimoine au coût historique est la méthode imposée en France. Elle consiste à retenir la valeur d'acquisition des biens lors de leur entrée dans le bilan de l'entreprise et à conserver cette valeur fondée sur la transaction réelle (valeur brute). Le coût historique est corrigé (valeur nette) des dépréciations subies par les biens immobilisés (amortissements) ou d'éventuelles pertes de valeur affectant certains actifs (provisions). On rapproche aussi ce principe du *nominalisme monétaire* selon lequel les comptes (et notamment le bilan) sont exprimés dans une même unité monétaire indépendamment de ses fluctuations.

C'est une méthode parmi d'autres ; on peut aussi retenir une évaluation à la valeur de marché, ou à la valeur de remplacement, ou encore, en période de forte inflation, en valeurs indexées. Privilégier les coûts historiques correspond à une vision juridique, contractuelle de la comptabilité, mais aussi à la recherche d'une mise en œuvre simple et pratique des évaluations. Cette méthode n'est pas appliquée systématiquement dans tous les pays et n'est pas retenue dans les normes internationales. Elle est parfois critiquée pour se retrouver en contradiction avec la notion d'image fidèle et de primauté de la réalité économique sur l'apparence juridique. Les risques de sous-évaluation du patrimoine sont accentués par une autre convention, celle de prudence.

Le principe de prudence

Le plan comptable français accorde beaucoup d'importance à la prudence d'où découlent d'ailleurs de nombreuses applications dans les règles comptables. Il la définit comme « l'appréciation raisonnable des faits afin d'éviter le risque de transfert sur l'avenir d'incertitudes présentes susceptibles de grever le patrimoine et les résultats de l'entreprise ». Cela justifie la comptabilisation systématique des amoindrissements de valeur des actifs, qu'ils soient certains (amortissements) ou probables (provisions). Pour autant, lorsqu'on mesure à l'inventaire une augmentation de la valeur d'un actif (valeur actuelle à l'inventaire > valeur historique d'entrée dans le patrimoine), elle ne doit pas être enregistrée dans les comptes. Le traitement est donc dissymétrique, pessimiste, comme le confirme le *principe de réalisation* énoncé par le droit commercial français : « Seuls les bénéfices réalisés à la date de clôture d'un exercice peuvent être inscrits dans les comptes annuels. » Le risque de distribuer aux propriétaires du profit inopportunément (dividende fictif) est donc évité, mais pas celui de sous-estimation du patrimoine ou de dissimulation partielle du résultat.

La prudence admet cependant des exceptions. C'est le cas, par exemple, lorsque des charges peuvent être traitées comme des actifs au bilan (« activation » des charges et frais), ou lorsqu'une méthode d'évaluation des titres en portefeuille induit une prise en compte des plus-values latentes (mise en équivalence des titres de participation dans les comptes sociaux).

La prééminence de la réalité sur l'apparence

Alors que le droit comptable français privilégie le concept de patrimonialité, c'est-à-dire que l'entreprise n'inscrit à son bilan que les biens dont elle est propriétaire, les pays anglo-saxons sont plus sensibles à ce que les états comptables reflètent une vision plus économique (réalité) que juridique (apparence). Ce principe de *substance over form* permet ainsi de faire figurer à l'actif les biens pris en crédit-bail et utilisés par l'entreprise. Cette possibilité n'est pas encore permise par les normes françaises, ce qui nécessite donc un retraitement de l'information comptable par les utilisateurs désireux de connaître la valeur de l'ensemble des moyens de production utilisés, indépendamment de leur mode de financement.

Ces principes et conventions constituent les éléments du cadre dans lequel s'inscrivent les méthodes, règles et procédures qui sont appliquées afin de produire les documents comptables.

Deux exceptions françaises au principe de prudence

Les frais de recherche et développement (R&D)

Ils sont normalement enregistrés en charges de l'exercice lorsque les dépenses sont engagées. Exceptionnellement, selon le plan compable français (PCG II-28), ils peuvent constituer une immobilisation, donc être reconnus comme un élément du patrimoine, si trois conditions sont simultanément remplies :
— les projets de R&D doivent être nettement individualisés ;
— leur coût doit être distinctement établi pour être réparti dans le temps ;
— chaque projet doit avoir des chances sérieuses de réussite technique et commerciale, au moment de l'établissement des comptes annuels.

L'évaluation par équivalence de titres de participation

Lorsqu'une société mère établit des comptes consolidés pour son groupe, elle peut (dans ses comptes sociaux) évaluer les titres de ses filiales qu'elle contrôle exclusivement par la méthode de mise en équivalence (sur option). Exemple :

	Valeur d'achat	*Valeur d'inventaire*	*Valeur d'équivalence**
Filiale	5 000	4 900	5 300

* La valeur d'équivalence provient des travaux de la consolidation de la filiale.

Selon les principes généraux d'évaluation du PCG et la règle de prudence, le bilan de la société mère indiquera dans son propre bilan :

Actif	Passif
Titres de participation Valeur brute : 5 000 Provision : 100 Valeur nette : 4 900	Incidence sur le résultat – 100

En appliquant l'évaluation par équivalence, on aura :

Actif	Passif
Titres de participation Valeur (brute et nette) : 5 300	Capitaux propres Écart d'équivalence : + 300

Cette méthode permet de présenter dans ce cas des capitaux propres améliorés.

VI / Les méthodes, règles et procédures

Les informations comptables et financières sont fournies par les entreprises à l'issue d'un processus de traitement et de présentation. L'organisation de ce processus n'est pas de la seule responsabilité des entreprises, elle est contrainte par le droit comptable, le droit fiscal et les systèmes de normalisation comptable en vigueur. Elle intègre l'utilisation de technologies informatiques plus ou moins avancées (progiciels comptables, réseaux, saisie automatisée, intégration des autres systèmes informatisés de l'entreprise comme gestion de production, gestion commerciale).

Le processus général de traitement de l'information est une suite d'activités telles que enregistrer, contrôler, synthétiser, réalisées à l'aide de supports ou documents comptables (en France, ces documents comptables obligatoires comme le livre-journal et le grand-livre sont imposés par le décret n° 83-1020 du 29 novembre 1983). Ces traitements s'organisent autour des notions de *compte* et d'écriture. Le compte est la plus petite unité de stockage de l'information. Lorsqu'une transaction (fait comptable) a lieu, elle est inscrite sur les supports comptables et dans les comptes : on dit qu'elle est enregistrée. Ce sont les enregistrements comptables qui permettent de conserver une mémoire des transactions, ce qui constitue le tout premier objectif de la comptabilité.

A la fin d'une période comptable (exercice), les comptes doivent être arrêtés. Le résultat de la période est alors déterminé, les documents annuels de synthèse sont mis en forme dans le respect des règles d'évaluation et des principes comptables.

Les qualités requises des documents comptables (fiabilité et crédibilité de l'information communiquée aux tiers) nécessitent l'organisation de dispositifs de contrôle de la qualité le long du processus de traitement comptable. La structure interne de la technique de la partie double et les potentialités de l'informatique facilitent leur mise en œuvre.

L'information comptable est produite dans et par une organisation, c'est-à-dire des moyens matériels, techniques et humains. Cette organisation comptable continue de se transformer sous l'effet des changements des technologies de l'information.

1. Le processus général du traitement comptable

L'ensemble des traitements comptables permet de passer de la transaction économique (ou opération) observée à la mise à disposition de l'information produite aux tiers.

Événement → traitements → informations → utilisation

Il s'agit d'abord de *saisir*, c'est-à-dire de sélectionner, une information de base relative à un acte économique et juridique initial. Les réponses aux questions : que saisit-on ?, quand saisit-on ? sont fournies par le cadre théorique lui-même et ses postulats. Il s'agit d'une opération mettant en relation l'entreprise et ses partenaires, donnant lieu à une expression quantifiable.

Cette information est stockée, c'est-à dire *enregistrée* et classée. A un niveau général, c'est encore le cadre comptable et la partie double qui donnent les critères de classement : emploi/ressource, activité/patrimoine. Mais un niveau plus fin de classement est soit imposé par une nomenclature nationale des comptes (c'est le cas en France), soit élaboré par les entreprises elles-mêmes. Dans l'usage courant, on dit indifféremment « saisir » ou « enregistrer » pour désigner l'ensemble des deux activités de saisie/sélection et d'enregistrement selon un classement et sur un support pertinent.

Traiter l'information, c'est aussi la *contrôler*. Les différents contrôles s'analysent selon l'objet contrôlé (le montant de l'enregistrement, le sens du mouvement, la nature du compte concerné), selon le moment du contrôle (pendant le processus de traitement ou à la fin, sur les comptes annuels eux-mêmes) et selon la méthode employée.

Traiter l'information, c'est encore la *synthétiser*, la présenter sous une forme agrégée ; les comptes élémentaires sont donc regroupés en masses homogènes : les postes des comptes annuels. A l'occasion de l'établissement des documents de synthèse, le nécessaire respect des objectifs et des principes comptables entraîne des opérations dites d'inventaire qui sont des opérations de corrections de valeur et de régularisation.

Enfin, il s'agit de communiquer l'information sous forme de documents de synthèse annuels aux utilisateurs.

Si les modalités pratiques peuvent différer selon les procédures internes et surtout selon le degré d'informatisation et de développement de leur fonction comptable, le schéma général reste le même et peut être représenté en deux phases : celle des opérations courantes (I) et celle des opérations d'inventaire (II).

Fait comptable (I)

↓

Pièce justificative

↓

Enregistrement chronologique : le *journal*
Enregistrement par nature : les comptes du *grand-livre*

↓

Contrôle :
Balance avant inventaire

↓ (II)

Écritures d'inventaire

↓

Balance après inventaire

↓

Documents de synthèse

La facture d'un fournisseur, un bulletin de paie, une note de frais, par exemple, constituent des *pièces justificatives*, documents créés ou reçus par l'entreprise à l'occasion de transactions, d'opérations faites avec les tiers. Chaque enregistrement comptable doit être appuyé, justifié par une pièce.

Les informations sont enregistrées sur deux supports. Elles sont saisies dans un *journal* dans l'ordre chronologique (par opération et jour par jour). En remontant dans l'histoire de la comptabilité, c'est le mode d'enregistrement séquentiel au jour le jour que les hommes ont su maîtriser en premier. Il correspond à la fonction mémoire de la comptabilité. Effectuer l'inscription dans le journal (la date, le montant, le double mouvement puisqu'on est en partie double) s'appelle « passer » ou enregistrer une écriture comptable. Au journal, l'ensemble d'informations « écrites » concernant une même opération est appelé un « article ». Parallèlement au journal, les informations sont portées dans les comptes concernés. Chaque compte rassemble les éléments de même nature. Par exemple, un compte individuel *Client XX* regroupe toutes les augmentations et diminutions de créances que l'entreprise a sur lui. Un compte général *Clients* regroupe tous les comptes individuels de clients. L'ensemble de tous les comptes de l'entreprise est le grand-livre.

L'activité de l'entreprise entraîne quotidiennement des opérations liées au cycle d'exploitation, au cycle d'investissement et au cycle de financement. Les enregistrements qui les traduisent sont effectués tout au long de la période comptable, on parle d'« opérations courantes ». Périodiquement, journaux et comptes sont totalisés et contrôlés grâce à l'établissement de *balance*. Au moins une fois tous les douze mois, à la fin de l'exercice, l'entreprise effectue un inventaire (c'est-à-dire recense les éléments du patrimoine) et procède à l'arrêté des comptes. L'ensemble des travaux comptables permettant alors de présenter les documents de synthèse constitue les *travaux d'inventaire*. Les entreprises établissent le plus souvent des situations comptables intermédiaires. Selon une fréquence semestrielle, trimestrielle, voire mensuelle, elles procèdent à des arrêtés complets ou partiels des comptes, à l'établissement de balances et de documents de synthèse périodiques. Ces situations intermédiaires permettent de faciliter les véritables travaux d'inventaire et fournissent aux dirigeants une information comptable synthétique pour leur gestion.

2. La méthode d'enregistrement

A partir de l'analyse de chaque opération, les enregistrements sont effectués dans les supports comptables.

L'analyse des opérations

L'analyse s'inscrit dans le cadre logique de la partie double. Elle s'effectue au vu d'une pièce comptable justificative et sur trois axes principaux :
— l'opération contribue-t-elle à enrichir ou à appauvrir l'entreprise, c'est-à-dire son patrimoine, ou est-elle neutre ?
— quelle est l'origine du flux (la ressource) ? quelle en est la destination (l'emploi) ?
— quelle est la nature précise de l'emploi et de la ressource ?

L'analyse est complétée par d'autres données : la date, le montant de l'opération.

Pièce 1 : facture d'une prestation de services
(2/06/N) 8 000 F, paiement à 30 jours

La réalisation de cette prestation (liée à l'activité de l'entreprise) chez un client contribue à enrichir l'entreprise : c'est un produit considéré réalisé à la date de la facture, même si l'encaissement effectif est obtenu le mois suivant. L'origine du flux (la ressource) est la réalisation de la prestation pour 8 000 francs. L'emploi est la naissance d'une créance client de même montant.

Pièce 2 : règlement du loyer du local de l'entreprise
(3/06/N) chèque : 3 000 F

Pour exercer ses activités, l'entreprise utilise un local dont le loyer vient en diminution du résultat qu'elle retire de son exploitation. L'emploi est une charge de loyer. Ce qui permet d'y faire face provient d'une diminution des liquidités déposées en banque, c'est l'origine du flux. L'argent était précédemment en banque, il est désormais employé en charge de loyer.

Pièce 3 : obtention d'un prêt bancaire
(15/06/N) 20 000 F, remboursement le 15/06/N+1

Le prêt devant être remboursé, l'arrivée des fonds sur le compte bancaire de l'entreprise (emploi nouveau) ne correspond directement ni à un enrichissement, ni à un appauvrissement ; parallèlement, une dette (ressource nouvelle) vis-à-vis de la banque apparaît.

Pièce 4 : règlement des salaires
(30/06/N) 9 000 F

Il y a là pour l'entreprise un appauvrissement résultant de la consommation d'un facteur de production. L'emploi est donc une charge de personnel. Le règlement provient du compte bancaire de l'entreprise (origine). Pour chacune de ces opérations, l'analyse va se traduire par des enregistrements au journal et dans les comptes.

Le fonctionnement du compte

Le compte permet de classer l'information. Les données qu'il contient, par exemple les créances d'un client (compte « Client ») peuvent s'accroître (augmentation sous l'effet d'une nouvelle vente à crédit) ou diminuer (par le règlement du client).

Le compte est traditionnellement représenté par un tableau comportant son intitulé et son code, des zones pour les dates et libellés des opérations qui l'affectent et deux colonnes : le *débit* et le *crédit*.

Par convention de représentation, la colonne de gauche est le débit, celle de droite est le crédit.

Les codes des comptes dépendent en France d'une numérotation nationale appelée nomenclature du PCG. Chaque entreprise

Intitulé du compte : CLIENT XXXX code : 410...			
Dates	Libellé opération et référence de la pièce justificative	*Débit*	*Crédit*

établit son plan de comptes qui respecte le plan comptable général et qui est adapté à ses propres spécificités.

Tous les comptes d'activité et de patrimoine sont ainsi formalisés. Comment ce formalisme — évident pour un compte client (au débit, ce qu'il doit) — peut-il servir pour tous les comptes ?

Une première explication est fournie par le raisonnement emploi/ressource. La ressource constitue, on l'a dit, l'origine, le départ d'un flux, c'est le mouvement crédit. L'arrivée, c'est l'emploi, le mouvement débit. Ainsi, une prestation de services que le client règle au comptant par chèque se traduit par :

— une ressource, la vente de services. On porte donc au crédit du compte « Ventes-prestations de services » (on crédite) cette origine de ressource nouvelle ;

— un emploi, les fonds déposés en banque. On porte donc au débit d'un compte « Banque » (on débite) cet emploi nouveau.

destination (débit) ← origine (crédit)

Par extension et comme il existe des comptes spécialisés d'emplois (exemple : Matériel) et de ressources (exemple : Dette) :

— pour les comptes d'emplois, les mouvements débit correspondent à des emplois nouveaux, les mouvements crédit à des diminutions (extinction) d'emplois ;

— pour les comptes de ressources, les mouvements crédit correspondent à des ressources nouvelles, les mouvements débit à des diminutions de ressource (extinction).

Une autre explication peut se fonder sur l'approche patrimoniale. Le bilan est exprimé, on l'a vu, par une équation : [A = S + D] ou [A – (S + D) = 0]. Les mouvements débit sont ceux qui introduisent une variation positive de l'équation du bilan (augmentation d'un actif, diminution d'une dette, par exemple). Les mouvements crédit sont ceux qui introduisent une variation négative de l'équation de bilan (diminution d'un actif, augmentation d'une dette). Lorsqu'on achète un matériel industriel avec un délai de paiement, on porte cet achat au débit du compte « Matériel industriel » (variation positive de l'équation par augmentation de A) et au crédit du compte « Fournisseur » (variation négative de l'équation par augmentation de D). Bien entendu, comme la comptabilité est tenue en partie double, chaque écriture enregistre simultanément deux variations, l'équilibre formel est toujours rétabli.

Comptes de stocks ou d'achats/ventes ?

Lorsque l'activité de l'entreprise est de nature commerciale ou industrielle, elle nécessite l'entrée et la sortie de matières, de marchandises, de produits. C'est à l'occasion de ces opérations de revente ou de transformation que se forment les gains et les pertes réalisés par l'activité.

Comment la méthode d'enregistrement comptable traite-t-elle de ces entrées et sorties de stocks ?

Exemple :

— le 2/06 : achat de 100 unités à 30 F l'unité, paiement comptant ;
— le 8/06 : vente de 80 unités à 40 F l'une, paiement comptant.

Une possibilité serait d'utiliser directement un *compte de stock pour chaque type de marchandises ou de matières*. L'enregistrement des opérations s'effectuerait ainsi :

Stock de marchandises		
Opération	Débit	Crédit
(1) Achat de 100 u	3 000	
(2) Vente de 80 u		2 400
Trésorerie		
Opération	Débit	Crédit
(1) Décaissement achat		3 000
(2) Encaissement vente	3 200	
Résultat		
Opération	Débit	Crédit
(1)		
(2)		800

Cette solution d'enregistrement suppose un suivi de l'aspect physique de chaque opération pour connaître directement la perte ou le gain réalisé. La lourdeur d'une telle solution (inventaire permanent) la rend difficilement utilisable dans la pratique. C'est pourquoi ce ne sont pas des variations de stocks de biens (matières, marchandises...) qui sont suivies. *Mais les achats (entrées) et ventes (sorties) sont enregistrés dans des comptes spécifiques du compte de résultat.*

Achats de marchandises		
Opération	Débit	Crédit
(1)	3 000	

Ventes de marchandises		
Opération	Débit	Crédit
(2)		3 200

A la fin de la période, on dénombre les quantités restant en stock (c'est l'inventaire intermittent) et on les évalue, ici 20 x 30 F. Seule la partie consommée (quantité vendue) représente un appauvrissement de la période. Les marchandises restant en stock seront utilisées lors de la période suivante. Dans la synthèse de l'activité, le résultat apparaîtra :

Ventes	3 200
Achats consommés (3 000 – 20 x 30)	2 400
Résultat	800

L'écriture comptable

Un enregistrement comptable consiste en une écriture dans le journal et le « report » (simultané et automatique grâce aux progiciels comptables) de ces mêmes informations dans les comptes du grand-livre. Le tracé du journal témoigne de sa complémentarité avec le grand-livre.

Codes des comptes	Date, libellé	Débit	Crédit

Les pièces comptables analysées plus haut peuvent ainsi être enregistrées au journal.

		Débit	*Crédit*
	2/06/N		
41	Clients	8 000	
704	Prestations de services		8 000
	(pièce 1)		

	3/06/N		
613	Loyer	3 000	
512	Banque		3 000
	(pièce 2)		
	15/06/N		
512	Banque	20 000	
16	Emprunt		20 000
	(pièce 3)		
	30/06/N		
641	Charges de personnel	9 000	
512	Banque		9 000
		40 000	40 000

Le solde d'un compte

Un compte enregistre donc pour toutes les opérations qui le concernent des mouvements débiteurs et des mouvements créditeurs. A un moment donné, l'entrepreneur a besoin de savoir où il en est, ou combien doit exactement tel client. Il faut, pour répondre à ces questions, calculer le solde des comptes.

Calculer le solde d'un compte consiste à totaliser, d'une part, les mouvements débit, d'autre part, les mouvements crédit, puis à faire la différence. Si le cumul des débits est supérieur au cumul des crédits, le solde est dit débiteur. Si le cumul des crédits est supérieur au cumul des débits, le solde est créditeur.

Certains comptes ne peuvent présenter qu'un solde débiteur, par exemple la caisse : on ne voit pas comment les sorties d'espèces (crédit) pourraient être supérieures aux entrées (débit). C'est le cas aussi des comptes de matériel, donc des immobilisations. Les comptes de bilan-actif sont normalement débiteurs, ils peuvent enregistrer des mouvements créditeurs pour leur diminution.

D'autres comptes ne peuvent présenter qu'un solde créditeur. Par exemple, le compte Emprunt, représentatif de la dette contractée auprès de la banque, ne peut qu'être en solde créditeur ou nul (lorsque la créance a été remboursée). Les comptes de bilan-passif et les comptes de gestion-produits (qui constituent intrinsèquement des ressources) sont normalement créditeurs ; ils peuvent toutefois enregistrer des mouvements au débit (annulation de produit, remboursement de ressources apportées)

En revanche, certains comptes peuvent avoir des soldes débiteurs ou créditeurs. Ainsi, le compte Client peut être créditeur, si celui-ci effectue des règlements avant qu'une facture ne fasse apparaître la créance au débit de son compte. Ou encore un compte Banque peut enregistrer plus de sorties que de dépôts. Il y a donc un solde créditeur de banque, révélateur d'un « découvert bancaire ».

La distinction comptes d'activité /comptes de patrimoine se retrouve dans la présentation du compte. En effet, les comptes d'activité (emplois et ressources définitifs) n'enregistrent que les débits et crédits relatifs à la période en cours ; leur solde n'exprime donc que la synthèse de ces mouvements. Le solde du compte Achats à la fin de l'exercice N n'exprime que le cumul des achats effectués auprès des fournisseurs pendant l'année N. Dans les comptes de structure ou patrimoine sont classés les emplois conservés et les ressources à restituer à des partenaires. Ils concernent plusieurs périodes comptables. Leur solde, à la fin d'une période comptable, est repris comme tout premier élément de la période suivante. Par ce « report » également appelé « à nouveau », la fonction mémoire est assurée, les éléments du patrimoine sont repris en compte, la continuité du temps est retrouvée. Exemple :

N° 215	*Matériel*	*Débit*	*Crédit*
1/01/N	Report	50 000	
15/03/N	Achat fact. n° 25	100 000	
31/12/N	Solde	150 000	

Pour permettre un calcul et une visualisation à tout moment du solde, certains tracés de compte prévoient à droite une colonne solde.

3. La comptabilisation des opérations courantes

Les opérations courantes sont des transactions engagées par l'entreprise avec ses partenaires tout au long de la période comptable dans le cadre de son activité. Une catégorie particulière de dépenses est constituée par les opérations de création d'une entre-

Exemple

M. Martin crée sa propre entreprise de formation et de distribution de fournitures bureautiques. Après avoir accompli les formalités de déclaration de l'affaire, il ouvre un compte au Crédit du Sud où il dépose 50 000 francs le 25 juin (a). Le 28 juin, il obtient auprès du même établissement un prêt de 100 000 francs débloqué le même jour sur le compte courant (b). Le 29 juin, pour louer un local commercial, il verse par chèque à titre de dépôt et cautionnement 6 000 francs (c). Le 1er juillet, il achète au comptant un véhicule de livraison pour 60 000 francs (d).

prise sous forme individuelle ou sociétaire : elles ont un caractère de financement et d'investissement.

Ces opérations sont analysées, enregistrées au journal et reportées dans les comptes du grand-livre (cf. exemple ci-dessous).

(a) Constitution d'une entreprise : M. Martin apporte une ressource (apport personnel) qui est déposée, employée en banque.

(b) Obtention d'un crédit bancaire : le dépôt en banque de 100 000 francs (emploi conservé) correspond à une autre ressource : la dette contractée auprès de la banque.

(c) Dépôt et cautionnement : le propriétaire du local exige le versement d'une caution (emploi conservé) qu'il rendra au locataire à son départ des lieux ; la ressource provient d'une diminution du compte banque.

(d) Achat d'une immobilisation : c'est encore dans la diminution du compte banque que se trouve la ressource destinée à acquérir un véhicule (emploi conservé).

JOURNAL DE L'ENTREPRISE MARTIN

Code	*Date et comptes*	*Débit*	*Crédit*
	(a) 25/06/N		
512	Banque	50 000	
101	Capital social		50 000
	(b) 28/06/N		
512	Banque	100 000	
164	Emprunt		100 000
	(c) 29/06/N		
27	Dépôts	6 000	
512	Banque		6 000
	(d) 1/07/N		
218	Matériel roulant	60 000	
512	Banque		60 000

Après cette phase d'installation et tout au long de la vie de l'entreprise sont effectuées des opérations de l'activité courante.

Le 1er juillet, M. Martin règle la prime annuelle d'assurance (e) 12 000 francs et le loyer (f) 3 500 francs. Il achète à crédit (60 jours) des marchandises pour 15 000 francs (g). Le 8, il facture au client, M. Appri, une action de formation de 9 000 francs (h).

Le 15 juillet, Martin accepte la traite adressée par son fournisseur (i). Le 20, Appri règle le tiers de sa dette par chèque déposé par Martin à la banque (j). Le 30 juillet Martin remet à son salarié à temps partiel son bulletin de salaire : salaire brut 4 000 francs, retenues sociales 600 francs, net à payer 3 400 francs (k). L'employeur paiera, sur ce salaire, aux divers organismes sociaux, des cotisations patronales de 1 200 francs (l).

Opérations d'achats et autres charges liées à l'exploitation

616 512	Primes d'assurance Banque (e)	12 000	 12 000
613 512	Locations Banque (f)	3 500	 3 500
607 401	Achats de marchandises Fournisseur(g)	15 000	 15 000

Opération de ventes et prestations de services

411 706	Client Appri Prestations de service	9 000	 9 000

Une entreprise peut retirer en général trois types de produits de son activité normale : des ventes de marchandises (activité commerciale de revente de marchandises en l'état), des ventes de produits finis (activité industrielle de production et vente), des prestations de services (activité de services). Ces trois catégories constituent le chiffre d'affaires d'une entreprise.

Opérations de règlement

Dans l'événement (i), la dette change de nature, elle est désormais sous la forme d'un effet de commerce que le débiteur signe pour signifier qu'il accepte de l'acquitter à la date d'échéance prévue, puis il retourne l'effet chez le créancier qui le conserve dans son portefeuille d'effets.

401 403	Fournisseur Effet à payer	15 000	 15 000

Dans l'événement (j), l'emploi change de nature, la créance se transforme en liquidités.

512 411	Banque Client	3 000	 3 000

Les charges de personnel

L'employeur verse au salarié une rémunération nette après déduction des cotisations sociales qui sont à la charge du salarié. Mais il doit également verser sa part de cotisations sur ce salaire. Les charges de personnel recouvrent donc le salaire brut et les charges sociales à la charge de l'employeur.

641 421 43.	Rémunérations du personnel Personnel-rémunérations Sécurité sociale (SS) et autres organismes sociaux	4 000	 3 400 600
421 512	Personnel-rémunérations dues Banque	3 400	 3 400
645 43.	Charges de SS et prévoyance SS et autres organismes....	1 200	 1 200
43. 512	SS et autres organismes Banque	1 800	 1 800

C'est l'employeur qui verse aux organismes sociaux l'ensemble des cotisations salariales et patronales.

Le grand-livre ou ensemble des comptes de l'entreprise

Tous ces mouvements sont enregistrés simultanément dans les comptes du grand-livre. Dans la colonne solde, on peut mentionner sc pour solde créditeur, sd pour solde débiteur.

Capital social n° 101				
Date	*Libellé*	*Débit*	*Crédit*	*Solde*
25/06/N	ouverture compte (a)		50 000	sc 50 000

Emprunt auprès d'établissements de crédit n° 164				
Date	*Libellé*	*Débit*	*Crédit*	*Solde*
28/06/N	emprunt (b)		100 000	sc 100 000

Matériel de transport n° 2182				
Date	*Libellé*	*Débit*	*Crédit*	*Solde*
1/07/N	facture F07	60 000		sd 60 000

Dépôts et cautionnements versés n° 275				
Date	*Libellé*	*Débit*	*Crédit*	*Solde*
29//06/N	local (c)	6 000		sd 6 000

Fournisseur n° 401				
Date	*Libellé*	*Débit*	*Crédit*	*Solde*
1/07/N	facture 208		15 000	sc 15 000
15/07	effet (i)	15 000		0

Client n° 411				
Date	*Libellé*	*Débit*	*Crédit*	*Solde*
1/07/N	fact. F95001	9 000		sd 9 000
20/07	son chèque		3 000	sd 6 000

Rémunérations du personnel n° 421				
Date	*Libellé*	*Débit*	*Crédit*	*Solde*
30/07/N	bulletin 07		3 400	sc 3 400
30/07	ch. 80005	3 400		0

Organismes sociaux n° 43				
Date	*Libellé*	*Débit*	*Crédit*	*Solde*
30/07/N	retenues		600	sc 600
15/08/N	charges 08		1 200	sc 1 800
15/08	chèq. 80006	1 800		0

Banque n° 512				
Date	*Libellé*	*Débit*	*Crédit*	*Solde*
25/06	ouvert. c/c	50 000		sd 50 000
28/06	emprunt	100 000		150 000
29/06	ch 80001		6 000	144 000
1/07	ch 80002		60 000	84 000
1/07	ch 80003		12 000	72 000
1/07	ch 80004		3 500	68 500
20/07	F95001	3 000		71 500
30/07	ch 80005		3 400	68 100
30/07	ch 80006		1 800	sd 66 300

Achats de marchandises n° 607				
Date	*Libellé*	*Débit*	*Crédit*	*Solde*
1/07/N	facture 208	15 000		sd 15 000

Locations n° 613				
Date	*Libellé*	*Débit*	*Crédit*	*Solde*
1/07/N	facture F07	3 500		sd 3 500

Primes d'assurance n° 616				
Date	*Libellé*	*Débit*	*Crédit*	*Solde*
1/07/N	police UAP	12 000		sd 12 000

Charges de personnel n° 641				
Date	*Libellé*	*Débit*	*Crédit*	*Solde*
30/07/N	salaire 07	4 000		sd 4 000

Charges de Sécurité sociale n° 645				
Date	*Libellé*	*Débit*	*Crédit*	*Solde*
30/07/N	charge 07	1 200		sd 1 200

Prestations de service n° 706				
Date	*Libellé*	*Débit*	*Crédit*	*Solde*
8/07/N	fact. F95001		9 000	sc 9 000

La taxe sur la valeur ajoutée

Les échanges de biens et services sont, en France et dans les autres pays de l'Union européenne, soumis à un impôt général sur la consommation, la taxe sur la valeur ajoutée (TVA). Les entreprises sont chargées de collecter pour le Trésor public cet impôt indirect, supporté seulement par le consommateur. Une entreprise collecte sur ses clients la taxe sur le chiffre d'affaires qu'elle réalise, c'est la TVA sur ventes ou TVA collectée qui représente donc une dette de l'entreprise vis-à-vis de l'État. Elle en déduit la taxe facturée par ses fournisseurs sur les dépenses engagées pour son activité de production et de commercialisation, c'est la TVA déductible ou récupérée qui constitue une créance de l'entreprise sur l'État. L'entreprise verse au Trésor la différence appelée TVA due ou à reverser. Le taux et le montant de TVA constituent des mentions obligatoires de la facture. Depuis 1995, il existe en France deux taux de TVA : le taux réduit, pour les produits alimentaires par exemple, 5,5 %, le taux normal, 20,6 %.

L'incidence de la TVA est enregistrée en même temps que les factures clients et fournisseurs (TVA dite sur les débits). Exemples :

411	Client	12 060	
707	Vente marchandises		10 000
4457	État-TVA collectée		2 060

607	Achat de marchandise	8 000	
4456	État-TVA déductible	1 648	
401	Fournisseur		9 648

Ce sont donc des montants hors taxes qui sont enregistrés dans les achats et ventes de l'entreprise. En fin de mois, l'entreprise détermine sa position au regard de la TVA, établit une déclaration de chiffre d'affaires et l'adresse au Trésor.

Taux	*Ventes du mois m*	*Montants de TVA*
à 20,6 %	65 000	13 390
à 5,5 %	9 000	495
Total TVA collectée		13 885 (1)
Total TVA déductible sur achats du mois m		11 657 (2)
TVA à payer ... (3) = (1) − (2) =		2 228

Si (1) < (2), il s'agit d'un crédit de TVA à reporter sur la déclaration du mois suivant. L'entreprise enregistre à la fin du mois :

4457	État-TVA collectée	13 885	
4456	État-TVA déductible		11 657
4455	TVA due		2 228

Puis dans le courant du mois suivant, le versement est comptabilisé :

4455 512	TVA due Banque	2 228	 2 228

4. Les traitements comptables à l'arrêté des comptes

A la fin de la période comptable, les comptes sont arrêtés afin de synthétiser l'information et d'établir les documents financiers annuels : il s'agit de déterminer le résultat et de présenter un état du patrimoine et de la situation financière. A cette fin, plusieurs activités doivent être assurées. A travers elles, les postulats et principes comptables sont mis en œuvre.

Tout d'abord, les enregistrements sont *arrêtés*, les soldes des comptes calculés. La date de clôture ou d'inventaire introduit une rupture dans la durée comptable. Il faut alors *vérifier* si les enregistrements de la période ont été corrects. Pour cela, une balance est établie. Ce document, dressé à partir de tous les comptes du grand-livre, récapitule les totaux et les soldes.

Nº	Libellés des comptes	Totaux		Soldes	
		Débit	*Crédit*	*Débiteur*	*Créditeur*

Le nécessaire respect des égalités — sommes des *totaux débits* = sommes des *totaux crédits*, d'une part, et sommes des *soldes débiteurs* = sommes des *soldes créditeurs*, d'autre part —, permet de détecter d'éventuelles erreurs d'enregistrement (réduites déjà fortement par l'usage de logiciels comptables). Ensuite, un *tri* doit être effectué entre des éléments de charges et de produits qui concernent l'exercice (et donc son résultat à déterminer) et ceux qui ne le concernent pas ; c'est l'application du principe de séparation des exercices. Les soldes des comptes sont confrontés à l'observation directe des éléments d'actif et de passif : un dénombrement de ces éléments appelé inventaire physique est réalisé. La valeur actuelle à l'inventaire est déterminée ou recherchée, puis rapprochée de la valeur indiquée par le solde du compte.

Ces activités de rattachement à l'exercice et d'évaluation se traduisent par des opérations de régularisation portant sur des *produits et charges calculés*, c'est-à-dire ne correspondant pas à des flux financiers réels. Des enregistrements complémentaires au journal et au grand-livre sont effectués dans le but d'ajuster les valeurs à retenir pour les comptes avant de les agréger dans les documents de synthèse. Les principes et conventions d'évaluation sont mobilisés : prudence, méthode des coûts historiques, dans le respect de la permanence des méthodes.

Les stocks et les variations de stocks

Lorsqu'une entreprise achète des marchandises ou des matières premières, l'opération est enregistrée, on l'a vu, au débit d'un compte d'activité Achats de marchandises ou de matières.

A la fin de l'exercice, la totalité des approvisionnements n'a pas forcément été consommée dans l'activité commerciale ou industrielle, c'est-à-dire revendue ou transformée. S'il reste des quantités en stock, ce reliquat ne concerne pas le résultat de l'exercice qui se termine, mais l'exercice suivant ; il doit donc être écarté des éléments de charges de l'exercice. Cela devient un emploi conservé pour l'exercice suivant. Le *stock final* est un élément de patrimoine, donc un compte de bilan.

Pour écarter le montant des stocks de fin d'exercice du total des achats de l'exercice, deux possibilités existent. Une première méthode, celle de l'inventaire permanent (IP), consiste à retirer les sorties de marchandises ou de matières (consommations à mesure des ventes ou de la transformation). Cet enregistrement continu des entrées et sorties de stock aboutit à la mise en évidence d'un solde : le stock final. L'IP des stocks permet de connaître de façon continue les existants, mais suppose une organisation assez complexe et coûteuse du suivi de l'information. L'autre méthode, plus à la portée de toutes les entreprises, même des plus petites, consiste à dénombrer en fin d'année les quantités restant en stock et à les valoriser, c'est le principe de l'inventaire intermittent, retenu dans la comptabilité générale française. Un compte correcteur de charge permet alors de ne prendre dans le résultat de l'exercice que les achats consommés dans l'exercice.

Le compte correcteur permettant de tenir compte des stocks initiaux et finaux est la *variation de stocks*.

Exemple : une entreprise utilise une nouvelle matière première (MP) dans le courant de l'année N. Achats N = 1 000 kg à 7,3 F de coût d'achat. L'inventaire physique effectué fin N dénombre 180 kg en stock.

Ainsi, le résultat de N ne sera concerné que par une charge d'un montant de 7 300 – 1 314 = 5 986 F, soit 820 kg. Le reliquat (stock final en valeur) est transféré dans le bilan, il constituera pour la période suivante (N + 1) un stock initial de MP qui seront

En cours d'année N			
601 4456 401	Achats de MP État-TVA déductible Fournisseur	7 300,0 401,5	 7 701,5

A l'inventaire N : 180 kg à 7,3 F			
31 603	Stock (final) de MP Variation de stocks	1 314	 1 314

utilisées dans le processus de fabrication. Comme pour tous les comptes de bilan, le compte de stock est repris « à nouveau ». Ce stock initial sera incorporé aux charges du nouvel exercice par le compte correcteur.

Inventaire N + 1			
603 31	Variation de stock Stock MP	1 314	 1 314
31 603	Stock de MP Variation stock	x	 x

Le nouveau stock final (x) est ainsi mis en évidence. C'est le solde du compte Variation de stock (Débit/stock initial – Crédit/stock final) qui viendra augmenter les charges (solde débiteur) ou les diminuer (solde créditeur).

En résumé, pour les approvisionnements et marchandises :
— si l'entreprise a stocké, tous les achats n'ont pas été consommés, la variation de stocks a un solde créditeur ;
— si l'entreprise a déstocké, elle a consommé plus qu'elle n'a acheté, la variation de stocks a un solde débiteur.

Les variations de stocks de produits finis et des produits en cours de fabrication sont des comptes correcteurs de la production de l'exercice et sont classés en produits (compte 71 – Production stockée).

Exemple : une entreprise n'a pas vendu à la fin de la période (N) 8 000 unités de sa fabrication valorisées sur la base d'un coût unitaire de 50 F. En début de période le stock s'élevait à 7 500 unités à 48 F.

71 35	Production stockée Stock de produits	360 000	 360 000
35 71	Stock de produits Production stockée	400 000	 400 000

Les amortissements des immobilisations

Une immobilisation est un emploi conservé durablement dans le patrimoine de l'entreprise. Au moment de son entrée dans l'actif, elle est valorisée à son coût d'origine, ou coût historique. Dès lors, deux phénomènes peuvent être identifiés en parallèle. D'une part, l'immobilisation va contribuer à la production de biens et services pendant plusieurs exercices ; d'autre part, elle va subir des dépréciations irréversibles, du fait seulement de l'écoulement du temps, du fait de l'évolution technologique, du fait encore de son utilisation. La procédure de l'amortissement dans le cadre de la partie double va permettre de décrire simplement ces deux phénomènes :
— une charge est constatée de manière à prendre en considération l'utilisation de l'immobilisation dans le résultat de l'exercice auquel elle a contribué ;
— la valeur de l'immobilisation au bilan est diminuée du même montant en créditant un compte d'amortissement propre à chaque immobilisation, mais cependant distinct. La valeur détruite (emploi consommé) provient de la dépréciation du bien.

681	Dotations aux amortissements	...	
28xx	Amortissements des immobilisations		...

Toutes les immobilisations ne subissent pas de dépréciation irréversible et n'ont donc pas une durée de vie (ou d'utilisation) limitée. On distingue les immobilisations amortissables, pour lesquelles la constatation comptable de la dépréciation est obligatoire, et les immobilisations non amortissables, qui ne s'usent pas avec le temps ou l'usage. Ce sont des immobilisations corporelles (les terrains), des immobilisations incorporelles (clientèle d'un fonds de commerce, droit au bail) et financières (actions, obligations).

Différentes méthodes permettent de déterminer de façon approximative la perte de valeur subie par un bien. Les deux plus couramment utilisées en France sont l'amortissement linéaire et l'amortissement dégressif. L'étalement de la dépréciation sur la durée de vie probable du bien et la diminution progressive de sa valeur au bilan sont programmés dans un *plan d'amortissement*. La durée probable de vie est fixée en conformité avec les usages de l'industrie et du commerce et les règles fiscales.

La méthode normale d'amortissement est l'*amortissement linéaire* ou constant. La dépréciation est considérée comme régulière et continue. Un taux d'amortissement annuel est calculé à partir de la durée de vie (N) : taux = 100 % / N. Ce taux est appliqué à la valeur d'origine de l'immobilisation pour déterminer l'annuité, c'est-à-dire la charge annuelle d'amortissement ; pour l'année d'acquisition du bien, le point de départ du calcul est la date de mise en service, l'annuité est calculée au *prorata temporis*. Le cumul d'amortissement est le total des annuités d'amortissement qui apparaît à l'actif du bilan en diminution de la valeur d'origine afin de mettre en évidence la valeur nette comptable (VNC).

Exemple : Une camionnette est achetée et mise en service le 1/04/N ; valeur d'achat HT : 120 000 F ; durée probable d'utilisation : 4 ans. Calcul du taux : 100 % / 4 = 25 % :
— annuité normale : 120 000 x 0,25 = 30 000 ;
— annuité *prorata temporis* : 30 000 x 9 / 12 = 22 500.

Date	*Valeur d'origine*	*Annuité*	*Cumul*	*VNC*
N	120 000	22 500	22 500	97 500
N + 1	120 000	30 000	52 500	67 500
N + 2	120 000	30 000	82 500	37 500
N + 3	120 000	30 000	112 500	7 500
N + 4	120 000	7 500	120 000	0

A l'inventaire N on comptabilise :

681 2818	Dotation aux amortissements Amortissement du matériel de transport	22 500	 22 500

L'information relative à cette immobilisation sera ainsi présentée au bilan de l'exercice N :

Immobilisations	*Valeur brute*	*Amortissement*	*VNC*
Matériel de transport	120 000	22 500	97 500

La *méthode de l'amortissement dégressif* est l'application d'un taux constant à une valeur dégressive, la valeur résiduelle du bien, ce qui met en évidence une dépréciation supérieure les premières années d'utilisation. Les taux d'amortissement dégressifs sont fondés, d'une part, sur les taux linéaires et, d'autre part, sur des coefficients fiscaux.

Coefficients de dégressivité	*Durée de vie probable (n)*	*Taux dégressifs*
1,5 2 2,5	3 et 4 ans 5 et 6 ans plus de 6 ans	50 % et 37,5 % 40 % et 33,33 % 2,5 x n

Cette méthode d'amortissement n'est ouverte qu'à certains biens selon l'administration fiscale (matériels neufs industriels, de bureau, de recherche...). L'année d'acquisition, le point de départ du calcul de l'annuité est le premier jour du mois de la date d'achat.

Exemple : une machine-outil d'une valeur de 200 000 F HT est achetée le 12/07/N, sa durée probable d'utilisation est 5 ans :
— taux = 100/5 x 2 (coefficient) = 40 % ;
— 1re annuité = 200 000 x 0,40 x 6/12 = 40 000.

Date	*VNC début*	*Annuité*	*Cumul*	*VNC fin*
N	200 000	40 000	40 000	160 000
N + 1	160 000	64 000	104 000	96 000
N + 2	96 000	*38 400	142 400	57 600
N + 3	57 400	*28 800	171 200	28 800
N + 4	28 800	28 800	200 000	0

* Lorsque le taux d'amortissement dégressif devient inférieur au taux linéaire correspondant calculé sur la durée de vie résiduelle, on termine le tableau en amortissement linéaire : ici, en N + 3 on a 40 % < 50 % (il reste deux ans), donc les deux dernières annuités sont calculées par la méthode linéaire. L'utilisation de la méthode dégressive pour l'amortissement pour dépréciation, au demeurant facultative, ne modifie pas le procédé d'enregistrement de la dépréciation ni la mise en évidence au bilan (si ce n'est dans les montants déterminés).

Les provisions

Les provisions traduisent comptablement une diminution de valeur probable liée à des événements survenus dans l'exercice, mais dont les effets ne sont pas irréversibles. Les causes de ces appauvrissements aléatoires et réversibles sont multiples. Il peut s'agir de la dépréciation accidentelle d'un bien inscrit à l'actif, par exemple des actions cotées à la Bourse et détenues en portefeuille voient à la fin de l'exercice leur valeur boursière réduite par rapport à leur valeur d'acquisition. Cette situation est rarement définitive, les cours boursiers évoluant en fonction des anticipations des agents économiques et de leur perception de la santé de la société émettrice. La constatation de cette moins-value latente, et peut-être provisoire, se traduira par une *provision pour dépréciation*. Dans d'autres cas, l'origine de l'appauvrissement jugé réversible correspond à une augmentation future des dettes. Par exemple, le licenciement hâtif survenu dans l'année d'un salarié (qui porte l'affaire devant le conseil des prud'hommes) peut entraîner le paiement de dommages et intérêts. Il y a là un risque nettement précisé qui se traduira par une *provision pour risque et charge*.

A la fin de chaque exercice, il faut procéder à une estimation des immobilisations, des stocks, des titres en portefeuille et des créances sur les clients. Si leur valeur actuelle est inférieure à leur valeur d'origine, une provision pour dépréciation doit être enregistrée de manière à constater l'appauvrissement (diminution du résultat) et ajuster la valeur du bien au bilan. L'appauvrissement peut avoir un caractère d'exploitation, financier ou exceptionnel.

Exemple : valeur d'achat des actions = 20 000 F ; évaluation à l'inventaire = 17 000 F.

681 590	Dotation aux provisions Prov. pour dépréciation actions	3 000	 3 000

A la fin de l'exercice, il faut également procéder à une estimation des risques et charges probables, par exemple :

6815 1511	Dotations aux provisions pour risques et charges d'exploitation Provision pour litige	45 000	 45 000

Les traitements d'amortissements et provisions en France sont très imprégnés du principe de prudence. Les effets dissymétriques de ce dernier sont encore renforcés par la méthode des coûts historiques. Si, par exemple, les actions évoquées ci-dessus valent 22 000 francs à l'inventaire, cette valeur étant supérieure à la valeur d'achat, la plus-value latente ne sera pas enregistrée dans les comptes (selon le plan comptable français).

Les ajustements d'autres charges et de produits

Deux cas peuvent ici être distingués : soit des éléments de produits ou de charges n'ont pas été comptabilisés dans le courant de l'exercice alors qu'ils le concernent et doivent être rattachés à son résultat ; soit des éléments ont déjà été enregistrés dans les supports comptables alors qu'ils ne se rattachent pas à l'exercice, ils doivent en être écartés. Les traitements qui en découlent traduisent les principes comptables liés au temps : séparation des exercices et continuité de l'exploitation, rattachement des charges aux produits.

• *Les éléments à rattacher à l'exercice : les charges à payer.* — Si, à la fin de 1996, la facture d'un fournisseur de services n'est pas encore parvenue à l'entreprise bien que la fourniture du service ait bien été effectuée, l'entreprise doit enregistrer cet achat.

605	Achat d'études et prestations	200 000	
4456	TVA déductible	41 200	
408	Fournisseur- facture non parvenue		241 200

Le rattachement de la charge à l'exercice entraîne une charge à payer qui est un compte rattaché à la dette correspondante.

Un autre exemple très courant de charge à payer est relatif aux emprunts contractés par l'entreprise. Si un emprunt a été contracté le 1er octobre N pour 100 000 francs sur un an au taux de 10,5 %, l'intérêt annuel ne sera versé à la banque qu'à la date d'échéance, soit le 1/10/N + 1. Pourtant, l'exercice N est concerné par trois mois de charges d'intérêt. A l'inventaire N, on enregistre donc :

661	Charges d'intérêt	2 625	
1688	Intérêts courus non échus		2 625

La régularisation est annulée en début N+1, l'exercice suivant :

1688	Intérêts courus	2 625	
661	Charges d'intérêt		2 625

L'écriture ci-dessus est la contre-passation (ou extourne) de l'écriture de l'inventaire fin N. A la date de l'échéance, les intérêts annuels sont pris en compte. Ainsi, l'exercice N + 1 n'est concerné que par le solde du compte n° 661, débiteur de 7 875 francs, représentant neuf mois seulement de charges.

661	Charges d'intérêts	10 500	
512	Banque		10 500

• *Les éléments à rattacher à l'exercice : produits à recevoir.* — Ce sont des produits à rattacher à l'exercice, par exemple une livraison effectuée le 30 décembre, non encore facturée à l'inventaire (31 décembre). Le traitement de régularisation est :

418	Clients-produits non encore facturés	12 060	
4458	TVA à régulariser		2 060
707	Ventes de marchandises		10 000

Puis, à la réouverture de l'exercice suivant, l'écriture est contre-passée. Enfin, à la date de facturation effective, l'opération est enregistrée comptablement.

• *Les éléments ne concernant pas l'exercice, les charges constatées d'avance et les charges à répartir.* — Des charges sont parfois enregistrées en totalité pendant un exercice qu'elles ne concernent pas totalement. Ainsi, la prime d'assurance annuelle réglée le 1/07/N pour 12 000 francs n'est relative à cet exercice que pour les six derniers mois de l'année. Le compte de charge *doit* en conséquence être « allégé » de la fraction *constatée d'avance* et une créance sur l'exercice suivant, constatée.

486	Charges constatées d'avance	6 000	
616	Prime d'assurance		6 000

A la réouverture de l'exercice suivant, cette écriture est contre-passée.

D'autres charges *peuvent* — sous conditions et sur décision du chef d'entreprise — être *réparties sur plusieurs exercices* (N, N + 1, N + 2...) alors qu'elles ont été engagées et comptabilisées en charges en N. Il s'agit alors de neutraliser cette charge pour l'exercice par le biais d'un compte de transfert de charge, puis de rattacher à chaque exercice concerné une part de la charge répartie dans le temps au moyen de l'amortissement.

Exemple : il est décidé d'étaler sur quatre ans des dépenses de publicité de 80 000 francs hors taxes engagées en N.

Fin N			
481	Charges à répartir	80 000	
79	Transfert de charges		80 000
681	Dotations aux amortissements	20 000	
481	Charges à répartir		20 000

Les traitements d'inventaire résultent de l'obligation de rendre les comptes, donc d'établir des documents de synthèse. Ils découlent du cadre comptable appliqué : postulats et principes comptables sont mis en œuvre à travers tous ces enregistrements de produits et charges calculés.

5. L'organisation comptable

Les activités conduisant à la production et à la mise à disposition obligatoire ou volontaire par l'entreprise d'information comptable et financière sont menées par une des sous-parties de l'entreprise, la fonction comptable. Comme toutes les autres fonctions de l'entreprise (production, commerciale), la fonction comptable est organisée, c'est-à-dire qu'elle a une structure (la façon dont se répartissent les tâches à effectuer). Elle est dotée de moyens de traitement et suit des procédures (marches à suivre pour organiser, exécuter et contrôler les traitements). Mais les missions relevant de la fonction comptable ne sont pas toujours assurées par un service interne à l'entreprise : une partie plus ou moins importante peut être exécutée à l'extérieur de l'entreprise par un cabinet d'expertise comptable [1].

En France, si le recours à ce professionnel libéral est simplement facultatif, l'ordonnance du 19 septembre 1945 institue l'ordre des experts-comptables et le monopole de l'exercice libéral de la profession. Un chef d'entreprise a donc le choix soit de faire établir ses comptes annuels par un expert-comptable libéral inscrit auprès de l'ordre, soit de les faire établir par son comptable salarié sous sa propre responsabilité. L'expert-comptable libéral propose aux entreprises différents services parmi lesquels : la tenue de la comptabilité, la présentation des comptes annuels, l'examen des comptes annuels, l'audit contractuel, le conseil en gestion ou en fiscalité.

Si la fonction comptable reste caractérisée par une forte division du travail et le souci permanent du contrôle, les moyens dont elle dispose connaissent une très forte évolution technologique.

---

1. En 1993 en France, trois entreprises de plus de dix salariés sur quatre avaient recours aux services d'un expert-comptable. En particulier les entreprises les plus petites font massivement appel à un expert-comptable ou à un centre de gestion agréé.

La division du travail comptable

Les solutions adoptées par les entreprises sont variées, mais elles sont le plus souvent caractérisées par une forte division du travail. Dans un service comptable occupant plusieurs salariés, on sépare généralement l'enregistrement routinier des opérations courantes, effectué par un opérateur de saisie ou un aide-comptable, de celui, plus rare et plus complexe, des opérations d'inventaire (appelées aussi opérations diverses, OD). Les opérations courantes elles-mêmes font aussi l'objet d'une division du travail poussée : un employé traite par exemple des clients (comptabilité Ventes), un autre des fournisseurs (comptabilité Achats). Dans nombre de services comptables, sont également séparés le métier de base, la comptabilité générale obligatoire, des travaux de calcul des coûts et marges, donc de la comptabilité analytique. La spécialisation forte des activités comptables est favorisée par le caractère répétitif des tâches. Elle accompagne aussi le souci permanent du contrôle.

Les contrôles

Pour que l'information comptable soit valide et fiable et pour que le patrimoine ne soit pas mis en péril par les erreurs et les fraudes, des dispositifs rigoureux de contrôle doivent être mis en place. Ainsi, lorsque la taille de l'entreprise est assez grande pour qu'existent des délégations de pouvoir et de signature, il devient nécessaire de séparer la fonction de décision (achat, investissement, cession), la fonction de détention (magasinage, trésorerie) et la comptabilisation. Toute écriture comptable s'appuie sur une pièce justificative dont elle indique les références ; parallèlement, la pièce mentionne les date, nature et montant de l'opération et doit être archivée pendant dix ans.

La recherche d'erreurs s'effectue non seulement au moyen de la balance, mais, pour la trésorerie comme la banque et les comptes postaux, à l'aide *d'états de rapprochement*. Le compte Banque tenu par une entreprise XX est périodiquement rapproché du relevé de compte envoyé par la banque, ce relevé n'étant rien d'autre que le compte « Client XX » tenu par la banque elle-même. Ce sont des comptes réciproques dont les inscriptions doivent être symétriques. Si des divergences apparaissent, elles sont dues soit à des décalages dans le temps soit à des erreurs de saisie (dans ce cas, des rectifications ont lieu dans le journal et les comptes).

Banque nº 512			
	Débit	*Crédit*	*Solde*
report	54 000		
ch. 4005		5 060	
remise chèque clients	10 000		
ch. 4006		3 800	
solde débiteur			55 140

Relevé bancaire Entreprise XX compte S58754	
Débit	*Crédit*
ch. 4005 5 066 ch. 4006 3 800 *solde créditeur : 45 134*	solde précédent : 54 000

La différence de 10 006 francs a une double origine : une erreur de 6 francs sur l'enregistrement d'une dépense par chèque ; une remise de chèques non encore créditée par la banque de 10 000 francs. L'erreur de 6 francs sera rectifiée par le crédit du compte Banque et le débit du compte concerné. La réduction des risques d'erreurs est également permise par l'amélioration des systèmes comptables.

Du système classique au système centralisateur

Le processus général de traitement exposé plus haut représente le système d'organisation des traitements le plus simple, le « *système classique* » défini par un enregistrement quotidien et chronologique dans un journal unique et le report simultané dans les comptes du grand-livre, puis l'établissement périodique d'une balance de contrôle. Ce système classique présente des inconvénients dès que le volume d'opérations est important : il est lourd et ne permet pas la division du travail comptable.

Le *système centralisateur*, qui constitue le mode d'organisation le plus répandu, remédie à cette carence. Deux principes le caractérisent. Le journal n'est pas unique, mais éclaté en journaux divisionnaires ou auxiliaires. On distingue deux niveaux de traitement, donc deux phases : la comptabilité auxiliaire, d'une part, la centralisation, d'autre part. Quotidiennement, les opérations sont saisies dans les journaux et grands-livres auxiliaires (par exemple, journal des ventes et comptes individuels client).

Mensuellement, les enregistrements des journaux auxiliaires

sont totalisés et leur récapitulation est inscrite au journal général. Pour les comptes clients et fournisseurs, une balance individuelle est établie et rapprochée des comptes collectifs clients et fournisseurs de la balance générale. Le système centralisateur favorise la division du travail, donc la productivité des services, et accroît la possibilité de contrôle, comme l'informatisation des traitements comptables. De plus en plus couramment, les logiciels informatiques sont conçus avec des partitions du système classique appelées *divisions*. On parle alors de journaux divisionnaires.

L'informatique et la comptabilité

Le caractère répétitif et standardisé des tâches longtemps effectuées manuellement a permis une informatisation poussée de la fonction comptable. Elle peut consister en une « mécanisation » des tâches sans modifier profondément ni l'organisation des traitements ni le cadre de la partie double, mais en accroissant productivité et fiabilité. Le processus débute par une opération manuelle de transcription de pièces justificatives sur un bordereau de précomptabilisation et codification. La saisie manuelle de ce bordereau permet l'alimentation d'un fichier des écritures comptables par le progiciel comptable installé sur un micro-ordinateur.

Mais l'outil informatique offre désormais la possibilité de mieux intégrer la comptabilité à l'ensemble des outils de gestion dont dispose un chef d'entreprise. Une saisie unique effectuée lors de l'*événement* économique initial (commande client, commande fournisseur, expédition) met à jour les systèmes d'information opérationnels (SI de gestion de production, SI commercial), génère les pièces justificatives (facture) et les écritures comptables correspondantes. L'intégration des systèmes d'information de l'entreprise et pour le moins celle de la comptabilité générale et de la comptabilité analytique offrent des perspectives d'amélioration de la pertinence de l'information comptable. En revanche, les promesses de la comptabilité événementielle ne sont pas encore tenues : les solutions techniques de gestion de bases de données brutes sur les événements ne sont pas encore parfaitement opérationnelles, des risques nouveaux apparaissent pour le chef d'entreprise et pour le contrôleur de ces comptabilités. La maîtrise globale des systèmes d'information et leur contrôle deviennent plus complexes et donc plus risqués.

L'échange de données informatisé (EDI) bouleverse également la comptabilité. La télétransmission d'information comptable (particulièrement de factures) entre des entreprises par l'intermédiaire de réseaux accélère les transactions et les traitements comptables et génère de vastes économies dans les budgets administratifs. Des problèmes demeurent sur la preuve de l'envoi et de la réception des messages, sur la signature électronique et sur l'harmonisation des langages de communication entre systèmes informatiques.

Le papier n'est plus au cœur du travail comptable. L'informatique y apporte de profonds bouleversements.

VII / Les documents de synthèse en France

Les documents de synthèse sont les produits en bout de chaîne de fabrication et de traitement de l'information comptable. Quels sont-ils ? Il ne faut pas les confondre avec les livres et registres comptables indispensables aux producteurs de l'information comptable pour l'enregistrement des opérations. Non, il s'agit maintenant des documents accessibles aux utilisateurs de l'information, le chef d'entreprise lui-même, les partenaires financiers et commerciaux, les salariés, l'État. Selon quelles règles, quels « standards de fabrication » sont-ils établis ? Quelles sont les obligations des entreprises en matière de comptabilité ?

1. La normalisation comptable

Normaliser, c'est établir des règles communes afin d'homogénéiser les solutions à des problèmes répétés et d'améliorer les pratiques comptables.

Les objectifs de la normalisation

Des documents rendus homogènes par le respect des normes sont comparables dans le temps et dans l'espace. Les données sont donc agrégeables dans un ensemble national, c'est le cas en France pour les travaux de l'INSEE. Pour l'entreprise, la productivité est accrue par la standardisation et le coût de production de l'information abaissé (des logiciels standards peuvent être utilisés). De même, la qualité de l'information est améliorée pour les utilisateurs. La normalisation rend en effet les comptes produits plus intelligibles. Elle réduit les possibilités de distorsion des informations par les dirigeants producteurs de l'information dans leur seul intérêt ; en cela elle rend l'information plus fiable et plus crédible.

Les sources des normes comptables

En France, les sources des normes comptables sont multiples et hiérarchisées. Les directives de la Commission de l'Union européenne sont des instructions destinées à rapprocher les pratiques des États membres. La quatrième directive (1978) préconise une harmonisation de la tenue et de la présentation des comptes et bilans. La septième directive (1983) porte sur la normalisation des comptes de groupes de sociétés. La huitième directive (1984) traite du contrôle légal et des réviseurs qui en sont chargés. Les textes législatifs français mettent en application ces directives. Depuis la loi du 30 avril 1983, le code de commerce contient dix articles (articles 8 à 17) qui précisent les obligations comptables des commerçants et des sociétés ainsi que les principes et méthodes d'évaluation. Pourtant, c'est à partir d'un arrêté ministériel (27 avril 1982) qu'est constituée l'armature du cadre comptable français avec le plan comptable général (PCG).

Le plan de comptes

Neuf classes regroupent les comptes : les cinq premières concernent les comptes de bilan (patrimoine), les deux suivantes des comptes de gestion (activité), les deux dernières concernent les comptabilités spéciales et l'analytique. Le plan repose sur une classification décimale : par les subdivisions successives, l'analyse des opérations peut être affinée.

Exemple : 44 – État et autres collectivités.

445 – État-taxes sur le chiffre d'affaires.

44571 – TVA collectée.

Classe 1 : comptes de capitaux
Classe 2 : comptes d'immobilisations
Classe 3 : comptes de stocks et en-cours
Classe 4 : comptes de tiers
Classe 5 : comptes financiers
Classe 6 : comptes de charges
Classe 7 : comptes de produits
Classe 8 : comptes spéciaux
Classe 9 : comptes analytiques d'exploitation

Obligatoire pour toutes les entreprises industrielles et commerciales, le PCG se compose de dispositions générales, d'un lexique, d'un plan de comptes, de règles et méthodes comptables (fonctionnement des comptes, présentation des documents, évaluation), de dispositions concernant la comptabilité analytique. Enfin, la doctrine constitue une source non négligeable dans le domaine comptable. Elle émane de plusieurs organismes de normalisation et de professionnels, nationaux et internationaux, qui publient des avis qui aident à la mise en application des règles et répondent à des problèmes techniques précis.

Les organismes de normalisation

Le principal promoteur de la normalisation comptable française est le Conseil national de la comptabilité. Composé de représentants des entreprises, de l'administration, de professionnels de la comptabilité et de la plupart des acteurs sociaux, il joue un rôle consultatif auprès du ministère de l'Économie et des Finances. Créé en 1995, le Comité de réglementation comptable (CRC) a pour mission d'examiner les avis du CNC et de proposer au ministre de l'Économie et des Finances de les intégrer à la réglementation en vigueur, rendant leur application obligatoire. Le CNC élabore le PCG et ses mises à jour, il émet des recommandations sur des problèmes comptables théoriques et pratiques. Les avis de l'ordre des experts-comptables engagent les professionnels comptables libéraux et portent aussi bien sur leurs missions et règles de comportement que sur les principes comptables. La Compagnie nationale des commissaires aux comptes contribue à établir les règles d'exercice de la profession de contrôleur légal des comptes. La Commission des opérations de Bourse émet des recommandations qui concernent les pratiques comptables des sociétés cotées.

Outre ces acteurs français de la normalisation comptable, il existe des organismes internationaux visant à rapprocher les pratiques comptables dans les différents pays. Si cette volonté d'harmonisation comptable est traduite au niveau européen par la Commission de l'Union européenne, au niveau mondial c'est l'International Accounting Standard Committee qui œuvre pour améliorer et rapprocher les réglementations relatives à la présentation des documents comptables.

2. Les documents de synthèse

Les comptes annuels sont établis à la clôture de l'exercice à partir de l'enregistrement des mouvements affectant le patrimoine de l'entreprise. Ils comprennent le bilan, le compte de résultat et l'annexe qui ont chacun des missions distinctes tout en formant un ensemble indissociable. Ils doivent être *réguliers* (établis dans le respect des règles), *sincères* (traduisant la bonne foi dans l'application de ces règles) et donner une « *image fidèle du patri-*

moine, du résultat et de la situation financière de l'entreprise » (*C. com.*, art. 9).

Le compte de résultat

Le compte de résultat fait la synthèse de l'activité, c'est-à-dire des produits et charges de l'exercice. La comptabilité en vigueur étant une comptabilité d'engagement et non de trésorerie, il ne s'agit pas de recettes et dépenses de l'exercice, c'est-à-dire qu'il n'est pas tenu compte des dates d'encaissement et de décaissement. La mission du compte de résultat est de faire apparaître par différence le bénéfice ou la perte de l'exercice. Les comptes de gestion, produits et charges, sont de nature éphémère, ils sont soldés à la fin de chaque exercice par virement au compte de résultat. Cette opération se fait dans le journal, le compte dans lequel sont virés produits et charges est le compte *n° 12 Résultat*. Les comptes de gestion sont donc des comptes sans report, ils redémarreront à zéro au début de l'exercice suivant. Ils ne sont pas présentés de façon détaillée et dispersée dans le compte de résultat, mais regroupés en *postes*, c'est-à-dire en grands thèmes. Au débit sont récapitulées les charges (emplois consommés dans l'année) ; au crédit, les produits (ressources créées dans l'année). Débit et crédit sont soit juxtaposés (présentation en compte), soit superposés (présentation en liste).

Trois rubriques apparaissent pour les produits comme pour les charges. Les éléments d'*exploitation* se rapportent à l'activité de base (industrielle, commerciale, services) de l'entreprise. Les éléments *financiers* sont composés, d'une part, des revenus générés par les placements et par le coût des opérations de financement, d'autre part. Les éléments *exceptionnels* ne relèvent pas de la gestion courante et ont un caractère occasionnel. Les charges comprennent des éléments décaissables (qui donneront ou ont donné lieu à une sortie de trésorerie) et des charges calculées (dotations aux provisions et amortissements).

Les charges décaissables d'exploitation comprennent les consommations de biens et services liées au cycle d'exploitation, les impôts et taxes, les charges de personnel et les autres charges. Les charges décaissables financières incluent le coût du financement externe de l'entreprise (exemple : intérêts des emprunts), les pertes de change et les moins-values sur cessions de valeurs mobilières de placement. Les charges décaissables exceptionnelles sont supportées par l'entreprise en dehors de sa gestion courante comme les pénalités et amendes.

Les charges excluent des éléments qui ne sont pas à la charge de l'entreprise parce qu'ils ne correspondent pas à un emploi consommé par elle de façon définitive. Les deux postes relatifs aux impôts fournissent ici une illustration. Dans les charges d'exploitation, les « impôts, taxes et versements assimilés » regroupent tous les impôts effectivement supportés par l'entreprise sur les moyens professionnels qu'elle met en œuvre (exemple : taxe professionnelle, taxe d'apprentissage). L'« impôt sur les bénéfices » ne figure dans les comptes que s'il est une charge de l'entreprise. Si l'entreprise est sous forme individuelle, le bénéfice constitue le revenu de l'exploitant, en conséquence l'impôt sur le revenu est à sa charge personnelle. Il déclare ce bénéfice dans la catégorie des bénéfices industriels et commerciaux. Si, en revanche, l'entreprise est sous forme de société anonyme ou de SARL, le bénéfice est imposé au titre de l'impôt sur les sociétés, qui constitue une charge de l'entreprise et figure dans le compte de résultat au dernier rang des charges après les éléments exceptionnels. La TVA ne figure, bien sûr, ni dans les « impôts, taxes et versements assimilés », ni dans l'« impôt sur les bénéfices » car elle ne constitue une charge que pour le consommateur final.

Les produits comportent des éléments encaissés ou encaissables comme les ventes et des éléments calculés comme des ajustements de provisions à diminuer ou à annuler (reprise). Le solde du compte de résultat est créditeur si le total des produits excède celui des charges (l'exercice dégage donc un bénéfice). Il est débiteur si le total des charges excède les produits (l'exercice dégage alors une perte).

Le bilan

La mission du bilan est de décrire les actifs (moyens d'exploitation) et les passifs (moyens de financement) de l'entreprise et de faire apparaître distinctement les capitaux propres. Pour cela, les soldes des comptes de bilan du grand-livre sont regroupés dans des postes. Les comptes à solde débiteur constituent l'actif. Les comptes à solde créditeur constituent le passif. Deux exceptions sont à noter. Les comptes d'amortissement et provisions pour dépréciation (solde créditeur) ne sont pas classés au passif, mais *en moins à l'actif*. Si le compte résultat présente un solde débiteur (perte), celui-ci figure *en moins au passif*.

La structure du bilan selon le PCG privilégie une optique fonctionnelle. Les postes sont classés à l'actif selon leur participation à une des grandes fonctions de l'entreprise : investissement, exploitation. Deux groupes de rubriques apparaissent donc :
— l'actif immobilisé (ensemble des biens destinés à être conservés durablement par l'entreprise) ;

MODÈLE DE COMPTE DE RÉSULTAT DE L'EXERCICE (en liste)

	Exercice N	*Exercice N – 1*
Produits d'exploitation (1) :		
Ventes de marchandises		
Production vendue [biens et services] *(a)*		
Montant net du chiffre d'affaires *(b)*	X	X
dont à l'exportation :		
Production stockée *(c)*		
Production immobilisée		
Subventions d'exploitation		
Reprises sur provisions (et amortissements), transferts de charges		
Autres produits		
Total I	X	X
Charges d'exploitation (2) :		
Achats de marchandises *(d)*		
Variation de stock *(e)*		
Achats de matières premières et autres approvisionnements *(d)*		
Variation de stock *(e)*		
* Autres achats et charges externes		
Impôts, taxes et versements assimilés		
Salaires et traitements		
Charges sociales		
Dotations aux amortissements et aux provisions :		
Sur immobilisations : dotations aux amortissements *(f)*.		
Sur immobilisations : dotations aux provisions		
Sur actif circulant : dotations aux provisions		
Pour risques et charges : dotations aux provisions		
Autres charges		
Total II	X	X
1. RÉSULTAT D'EXPLOITATION (I – II) ± X		
Quotes-parts de résultat sur opérations faite en commun :		
Bénéfice ou perte transférée III	X	X
Perte ou bénéfice transféré IV	X	X
(1) Dont produits afférents à des exercices antérieurs		
(2) Dont charges afférentes à des exercices antérieurs		

(a) A inscrire, le cas échéant, sur des lignes distinctes.

(b) Cf. Terminologie, p. 22 et Dispositions spéciales, p. 211.

(c) Stock final moins stock initial : montant de la variation en moins entre parenthèses ou précédé du signe (–).

(d) Y compris droits de douane.

(e) Stock initial moins stock final : montant de la variation en moins entre parenthèses ou précédé du signe (–).

(f) Y compris éventuellement dotations aux amortissements des charges à répartir.

	Exercice N	Exercice N – 1
Produits financiers :		
De participations (3)		
D'autres valeurs mobilières et créances de l'actif immobilisé (3)		
Autres intérêts et produits assimilés (3)		
Reprises sur provisions et transferts de charges		
Différences positives de change		
Produits nets sur cessions de valeurs mobilières de placement		
Total V	**X**	**X**
Charges financières :		
Dotations aux amortissements et aux provisions		
Intérêts et charges assimilées (4)		
Différences négatives de change		
Charges nettes sur cessions de valeurs mobilières de placement		
Total VI	**X**	**X**
2. RÉSULTAT FINANCIER (V – VI) ± X		
3. RÉSULTAT COURANT avant impôts (I – II + III – IV + V – VI) ± X		
Produits exceptionnels :		
Sur opérations de gestion		
Sur opérations en capital		
Reprises sur provisions et transferts de charges		
Total VII	**X**	**X**
Charges exceptionnelles :		
Sur opérations de gestion		
Sur opérations en capital		
Dotations aux amortissements et aux provisions		
Total VII	**X**	**X**
4. RÉSULTAT EXCEPTIONNEL (VII – VIII) ± X		
Participation des salariés aux fruits de l'expansion IX	**X**	**X**
Impôts sur les bénéfices X	**X**	**X**
Total des produits (I + III + V + VII)	**X**	**X**
Total des charges (II + IV + VI + VIII + IX + X)	**X**	**X**
Bénéfice ou perte	**X**	**X**
* Y compris :		
— redevances de crédit-bail mobilier		
— redevances de crédit-bail immobilier		
(1) Dont produits concernant les entreprises liées		
(2) Dont intérêts concernant les entreprises liées		

N.B. — Outre le résultat exceptionnel avant impôts que les sociétés de capitaux doivent faire ressortir, les entreprises ont la faculté de faire apparaître distinctement le résultat d'exploitation et le résultat financier. Le bénéfice ou la perte résulte alors de la somme algébrique des résultats courant et exceptionnel (3 + 4) et des charges IX et X.

Modèle de bilan (après répartition)

	Passif	*Exercice N*	*Exercice N – 1*
CAPITAUX PROPRES*	*Capital [dont versé...] (a)*		
	Primes d'émission, de fusion, d'apport		
	Écarts de réévaluation *(b)*		
	Réserves :		
	Réserve légale		
	Réserves statutaires ou contractuelles		
	Réserves réglementées		
	Autres		
	Report à nouveau *(c)*		
	Sous-total : situation nette	X	X
	Subventions d'investissement		
	Provisions réglementées		
	Total I	X	X
PROVISIONS pour risques et charges	Provisions pour risques		
	Provisions pour charges		
	Total II	X	X
DETTES (1) *(e)*	Emprunts obligataires convertibles		
	Autres emprunts obligataires		
	Emprunts et dettes auprès des établissements de crédit (2)		
	Emprunts et dettes financières divers (3)		
	Avances et acomptes reçus sur commandes en cours		
	Dettes Fournisseurs et Comptes rattachés *(d)*		
	Dettes fiscales et sociales		
	Dettes sur immobilisation et Comptes rattachés		
	Autres dettes		
COMPTES de régularisation (1)	Produits constatés d'avance		
	Total III	X	X
	Écarts de conversion Passif (IV)	X	X
	TOTAL GÉNÉRAL (I + II + III + IV)	X	X
(1) Dont à plus d'un an			
Dont à moins d'un an			
(2) Dont concours bancaires courants et soldes créditeurs de banques			
(3) Dont emprunts participatifs			

* Le cas échéant, une rubrique « Autres fonds propres » est intercalée entre la rubrique « Capitaux propres » et la rubrique « Provisions pour risques et charges » avec ouverture des postes constitutifs de cette rubrique sur des lignes séparées (montant des émissions de titres participatifs, avances conditionnées...). Un total I *bis* fait apparaître le montant des autres fonds propres entre le total I et le total II du passif du bilan. Le total général est complété en conséquence.

(a) Y compris capital souscrit non appelé. *(b)* A détailler conformément à la législation en vigueur. *(c)* Montant entre parenthèses ou précédé du signe moins (–) lorsqu'il s'agit de pertes reportées. *(d)* Dettes sur achats ou prestations de services. *(e)* A l'exception, pour application du (1), des avances et acomptes reçus sur commandes en cours.

	Actif	Exercice N			Exercice N – 1
		Brut	Amortissements et provisions (à déduire)	Net	Net
Actif immobilisé	Capital souscrit-non appelé				
	Immobilisations incorporelles :				
	– Frais d'établissement				
	– Frais de recherche et de développement				
	– Concessions, brevets, licences, marques, procédés, droits et valeurs similaires				
	– Fonds commercial (1)				
	– Autres				
	– Avances et acomptes				
	Immobilisations corporelles :				
	– Terrains				
	– Constructions				
	– Installations techniques, matériel et outillage industriels				
	– Autres				
	– Immobilisations corporelles en cours				
	– Avances et acomptes				
	Immobilisations financières (2) :				
	– Participations				
	– Créances rattachées à participations				
	– Autres titres immobilisés				
	– Prêts				
	– Autres				
	Total I	**X**	**X**	**X**	**X**
Actif circulant	– Produits intermédiaires et finis				
	– Marchandises				
	Avances et acomptes versés/commandes				
	Créances (3) :				
	– Clients et comptes rattachés *(c)*				
	– Autres				
	– Capital souscrit – appelé, non versé				
	Valeurs mobilières de placement *(d)*				
	– Actions propres				
	– Autres titres				
	Disponibilités				
Comptes de régularisation	Charges constatées d'avance (3)				
	Total II	**X**	**X**	**X**	**X**
	Charges à répartir sur plusieurs exercices (III)	**X**		**X**	**X**
	Primes de remboursement des obligations (IV)	**X**		**X**	**X**
	Écarts de conversion Actif (V)	**X**		**X**	**X**
	Total général (I + II + III + IV + V)	**X**	**X**	**X**	**X**

(1) Dont droit au bail

(2) Dont à moins d'un an (brut)

(3) Dont à plus d'un an (brut)

(a) Le cas échéant, la contrepartie du capital souscrit non appelé doit figurer distinctement comme premier poste de l'actif, avant immobilisations incorporelles.

(b) A ventiler, le cas échéant, entre biens, d'une part, et services, d'autre part.

(c) Créances résultant de ventes ou de prestations de services.

— l'actif circulant (ensemble de biens destinés à être transformés rapidement dans le cycle d'exploitation).

Les biens immobilisés sont constitués de trois rubriques de nature différente. Les immobilisations incorporelles sont des moyens immatériels de production comme les brevets ou les marques. Les immobilisations corporelles sont composées de biens matériels comme des terrains ou des ordinateurs en passant par de l'outillage industriel. Les immobilisations financières comprennent des titres (actions, obligations, bons) qui ne seront pas revendus rapidement et des prêts (par exemple, aux salariés, aux filiales).

Les actifs circulants se composent pour l'essentiel des stocks (c'est-à-dire des matières, marchandises, biens et services ni encore vendus ni consommés par la production), des créances (notamment celles des clients), des valeurs mobilières de placement (titres destinés à être revendus dans un délai très bref), enfin des disponibilités (dépôts en banques, en comptes postaux ou en caisse).

Au passif, les postes des ressources sont classés en deux rubriques en fonction de leur origine, capitaux propres et dettes. Les dettes représentent les obligations que l'entreprise doit exécuter soit à la suite d'un contrat soit en application de la loi. On les appelle également le passif externe. Certaines ont un caractère financier : parmi les postes concernés sont les emprunts obligataires (matérialisés par des obligations souscrites par des investisseurs) et les emprunts auprès des établissements de crédit (parmi lesquels on trouve les concours bancaires courants, c'est-à-dire les découverts). D'autres dettes ont un caractère d'exploitation : on y trouve les dettes fournisseurs et comptes rattachés et les dettes fiscales et sociales.

Les capitaux propres sont composés des ressources appartenant à l'entreprise, ou plus exactement mises à la disposition de l'entreprise par ses propriétaires (entrepreneur, actionnaires). Il ne faut pas confondre le capital avec l'ensemble des capitaux propres comprenant, par exemple, les primes d'émission, le résultat de l'exercice ou encore les subventions d'investissement accordées par l'État ou une collectivité publique. Le capital est soit individuel (somme que l'exploitant décide d'inscrire au bilan de son entreprise), soit social, et il représente alors dans les sociétés la valeur nominale des actions ou des parts souscrites par les associés. Entre les capitaux propres et les dettes figurent les provisions pour risques et charges, prélèvements sur les bénéfices destinés à couvrir des risques que les événements rendent probables. Il s'agit donc là de dettes non pas certaines mais probables.

A l'actif comme au passif existent aussi des postes regroupant les comptes de régularisation. A l'actif, il s'agit des charges constatées d'avance (correspondant à une créance sur l'exercice suivant comme, par exemple, une prime d'assurance ou un loyer payés d'avance) ou encore des charges à répartir sur plusieurs exercices, réparties dans le temps au moyen de l'amortissement (comme de grosses réparations à étaler ou des émissions d'emprunts). Au passif, il s'agit pour l'essentiel des produits constatés d'avance, constituant une dette envers l'exercice suivant.

L'annexe

L'annexe permet par ses explications de compléter et de mieux comprendre les deux autres documents de synthèse. Elle précise, par exemple, les modes d'évaluation retenus pour les différents postes, l'état des amortissement et provisions, le montant des engagements de l'entreprise en matière de crédit-bail, l'état des créances et dettes par ordre d'exigibilité. Ce dernier tableau revêt une importance particulière : grâce à lui, les analystes financiers peuvent établir un bilan retraité de façon extra-comptable dans une optique patrimoniale pour renseigner les propriétaires et les prêteurs. Les passifs externes et les actifs y sont ventilés en éléments à plus d'un an/éléments à moins d'un an ; cela permet par exemple de faire apparaître après reclassement et retraitement des capitaux permanents (dettes à plus d'un an et capitaux propres).

L'annexe est un document à géométrie variable, car les obligations diffèrent selon la taille et la forme de l'entreprise. Elle est d'ailleurs fortement dominée par le principe de l'importance relative ainsi que celui de permanence des méthodes, c'est pourquoi son rôle est fondamental dans la « production » d'une image fidèle.

Les trois modèles du PCG

Les documents de synthèse doivent être présentés par référence aux trois systèmes prévus par le PCG, modèle de base, abrégé, développé. La présentation de base correspond aux dispositions minimales pour les entreprises moyennes et grandes. C'est ce modèle qui a été évoqué dans ces pages jusqu'à présent. Les entreprises de plus petite taille peuvent adopter le modèle abrégé.

Quant au système développé, purement facultatif, il permet aux plus grandes entreprises d'affiner leurs comptes annuels. Ainsi, au bilan, les créances sont ventilées en créances d'exploitation et créances diverses. Dans les dettes sont distinguées les dettes financières, les dettes d'exploitation, les dettes diverses (dettes sur immobilisations, impôts sur les bénéfices, autres).

Au compte de résultat « développé », la structure plus détaillée des charges, d'une part, met en évidence les coûts d'achats respectifs des marchandises vendues et des approvisionnements utilisés ; d'autre part, permet de suivre plus facilement l'évolution des achats de sous-traitance, du personnel extérieur, des loyers de crédit-bail, par exemple. Cet affinement de l'information présentée au bilan et au compte de résultat en améliore la lecture fonctionnelle, les analyses extra-comptables sont donc facilitées.

3. Les obligations légales

En matière de production et de diffusion de l'information comptable, les entreprises sont soumises à des obligations qui ne relèvent pas seulement du droit comptable, mais également du droit fiscal et enfin du droit des sociétés pour celle qui sont sous forme sociétaire.

Les obligations comptables

L'article 8 du code de commerce impose aux entreprises une triple obligation de *tenue* d'une comptabilité, d'*inventaire* et d'*établissement* des comptes annuels. « Toute personne physique ou morale ayant la qualité de commerçant doit procéder à l'enregistrement comptable des mouvements affectant le patrimoine de son entreprise ; ces mouvements sont enregistrés chronologiquement. Elle doit contrôler par inventaire, au moins une fois tous les douze mois, l'existence et la valeur des éléments actifs et passifs du patrimoine de l'entreprise. Elle doit établir des comptes annuels à la clôture de l'exercice au vu des engagements comptables et de l'inventaire. Ces comptes annuels comprennent le bilan, le compte de résultat et une annexe : ils forment un tout indissociable. »

La tenue de la comptabilité est soumise à de nombreuses obligations concernant les livres comptables obligatoires (décret n° 83-1020, art. 2) et les pièces justificatives (décret n° 83-1020, art. 3). Tout commerçant doit tenir un livre-journal, un grand-livre et un livre d'inventaire (ce dernier regroupe les données de l'inventaire). Le livre de paie imposé par le code du travail est un livre auxiliaire de la comptabilité. Un livre des procédures et de l'organisation comptables est établi toutes les fois qu'il est nécessaire à la compréhension du système comptable de l'entreprise. Pour le livre-journal et le livre d'inventaire, les formalités de la cote (attestation du nombre de pages) et du paraphe doivent être respectées. Les comptabilités étant désormais informatisées, il peut y être dérogé dès lors qu'il est mis en œuvre d'autres moyens garantissant l'*irréversibilité* des enregistrements.

Pour les très petites entreprises (commerçants personnes physiques), les obligations comptables sont allégées tant au niveau des comptes annuels (annexe non demandée) qu'à celui de la comptabilisation elle-même puisque, dans certaines conditions, seule une comptabilité de trésorerie est demandée.

Si les différentes obligations comptables ne sont pas respectées, la comptabilité perd sa force probante et ne peut plus être admise en justice dans les litiges entre commerçants (*C. com.*, art. 17) et perd également sa régularité au regard des exigences fiscales.

Les obligations fiscales

Les autorités fiscales sont informées par les *déclarations* périodiques auxquelles les entreprises assujetties sont soumises. Il s'agit de la déclaration mensuelle de TVA, des déclarations concernant les divers impôts directs (par exemple, la taxe professionnelle), mais surtout celles permettant la détermination de *l'impôt dû sur les bénéfices des entreprises*.

Par ailleurs, les agents des impôts ont le droit d'obtenir des entreprises contribuables communication de tous les livres comptables prescrits par le code de commerce.

Les obligations spécifiques aux sociétés

Les sociétes commerciales sont soumises à des règles supplémentaires du fait, d'une part, de certaines opérations juridiques spécifiques (apports en capital, emprunts sous forme d'obligations) et, d'autre part, du droit des associés à l'information. Il s'agit donc de leur communiquer les comptes annuels, rapports des gérants ou conseils d'administration selon certaines fréquences et modalités qui varient selon la forme de la société (société de personnes ou société de capitaux).

Par ailleurs, les sociétés anonymes et les sociétés à responsabilité limitée doivent déposer chaque année leurs comptes annuels au greffe du tribunal de commerce du lieu où elles sont immatriculées. Ces informations sont ainsi mises à la disposition du public.

Des obligations encore plus lourdes sont à la charge des sociétés faisant appel publiquement à l'épargne et dont les actions sont cotées à la Bourse des valeurs. Les documents à fournir sont un tableau d'activité et de résultats du trimestre écoulé, un rapport semestriel indiquant notamment les événements importants intervenus dans le semestre et décrivant l'évolution prévisible pendant l'exercice, et, enfin, une attestation des commissaires aux comptes portant sur la sincérité des informations fournies dans le tableau et le rapport.

L'information des salariés

Parmi les informations à communiquer au comité d'entreprise certaines sont de nature comptable (*C. trav.*, art. L432-4). Il s'agit de fournir au comité après son élection une documentation économique et financière, puis trimestriellement des données sur l'évolution de la situation financière, enfin annuellement un rapport d'ensemble sur l'activité de l'entreprise. A partir d'un effectif de cinquante salariés, l'entreprise est soumise aux textes sur la participation des salariés aux résultats de l'entreprise (ordonnance du 21 octobre 1986 modifiée par la loi nº 90-1002 du 7 novembre 1990). L'entreprise doit alors constituer une réserve spéciale de participation, représentant les sommes dues aux salariés et bloquées sur une durée de cinq ans.

D'une façon générale, les obligations en matière comptable à la charge des entreprises visent à assurer aux destinataires de l'information comptable et financière une mise à disposition régulière de documents fiables et crédibles.

5. La particularité de la comptabilité de gestion

La comptabilité de gestion, ou comptabilité analytique, traite les données comptables avec pour principaux objectifs de connaître les coûts de différentes activités et fonctions de l'entreprise, de déterminer les bases d'évaluation de certains éléments d'actif (par exemple, les stocks de produits finis), d'établir des prévisions, d'évaluer et d'expliquer les écarts de réalisation avec ces prévisions. Elle est donc essentiellement destinée à éclairer les prises de décision des dirigeants de l'entreprise.

La comptabilité de gestion se différencie, par conséquent, de la comptabilité générale en ce sens que, n'étant pas destinée à être communiquée aux tiers, elle n'a pas à subir l'exigence d'une normalisation contraignante. Au contraire, le système de comptabilité analytique doit être adapté à la structure de chaque entreprise et aux particularités de ses activités d'exploitation. Les dispositions de la comptabilité analytique sont constituées par une gamme étendue de solutions entre lesquelles l'entreprise doit faire des choix et des combinaisons en fonction de ses particularités. C'est la raison pour laquelle le PCG n'offre qu'un cadre général adaptable à toutes les entreprises. Les dirigeants d'entreprise choisissent les méthodes les plus appropriées pour répondre à leurs besoins d'information.

Alors que la comptabilité générale s'applique à l'entité juridique de l'entreprise, la comptabilité analytique découpe l'entreprise en subdivisions, avec une multitude de possibilités. Le critère du découpage est le choix du coût qui est un regroupement de charges. Différents types de regroupements sont possibles :
— par fonction économique (production, distribution, administration) ;
— par moyen d'activité (atelier, magasin, bureau...) ;
— par activité : famille ou unité de produit, stade d'élaboration) ;
— par catégorie de clientèle, par zone géographique de ventes...

La détermination des regroupements dépend de la structure de l'entreprise, de son mode de gestion (centralisé ou décentralisé) et des choix des dirigeants. Un mode de gestion décentralisé conduit généralement à une analyse des charges et des produits par centre de responsabilité. Lorsqu'on peut rattacher à des produits les charges qui leur correspondent, on détermine des centres de profits qui donnent lieu à des comptes d'exploitation élémentaires. Une analyse ne pouvant être faite que sur les charges donne lieu à des centres de coûts. Si on analyse les charges en regroupant celles qui obéissent à une même règle d'imputation, on détermine des sections homogènes. On peut souvent combiner ces différents types de regroupements (centres de responsabilités, centres de coûts et sections homogènes) en *centres d'analyse*.

La première grande question à résoudre pour la comptabilité analytique est celle des charges incorporables au calcul de coût : ce choix est laissé à l'appréciation « raisonnable » du chef d'entreprise. On considère généralement que les charges d'exploitation qui correspondent à l'activité courante et normale de l'entreprise doivent être incorporées, mais pour des raisons économiques spécifiques des ajouts peuvent être faits (par exemple, dans le cas d'une entreprise individuelle, la rémunération de l'exploitant n'étant pas une charge salariale dans la comptabilité générale, elle est à réincorporer).

Ensuite, un certain nombre de distinctions doivent être opérées entre les charges. Ainsi, une distinction entre charges directes et charges indirectes : d'après le PCG 1982, « une charge est dite directe par rapport au coût du produit recherché si son affectation est possible sans calcul intermédiaire grâce à un moyen de mesure » et « une charge est dite indirecte par rapport au coût du produit recherché dans le cas contraire ». Une autre distinction concerne les charges opérationnelles et les charges fixes : les charges opérationnelles dépendent de la variation du volume d'activité (on les appelle « charges variables » : coût des matières et des fournitures, énergie, matières consommables...) ; les charges fixes sont indépendantes du volume d'activité : elles comprennent les charges de structure (encadrement, loyers, amortissements...) et des charges modulables et discrétionnaires (par exemple, la recherche, la formation, la publicité...).

Les méthodes

Deux grandes méthodes de calcul des coûts peuvent être utilisées :
— la méthode des coûts complets qui incorporent toutes les charges ;
— la méthode des coûts partiels obtenus soit en incorporant seulement les charges qui varient avec la production ou la vente (coût variable), soit en incorporant seulement les charges qui peuvent l'être directement à un produit (coût direct).

Dans ses grands principes, la méthode des coûts complets consiste à :
— affecter les charges directes au compte de coût du produit concerné ;
— affecter aux centres d'analyse les charges directes par rapport aux centres concernés ;
— répartir entre les centres d'analyse les charges indirectes selon des clés de répartition ; à ce stade, les centres d'analyse totalisent leurs propres charges directes et les charges indirectes réparties ;
— imputer les coûts des centres d'analyse aux comptes de coûts des produits ou de commandes intéressés en fonction d'une unité de mesure appelée unité d'œuvre qui est généralement exprimée en unités de temps (heure de main-d'œuvre, heure machine) ou en unités physiques (poids, volume, surface...).

La méthode des coûts partiels, souvent connue sous le nom de *direct costing*, vise à éliminer les répartitions de charges de structure. Elle s'intéresse, pour chaque produit ou groupe de produits, au calcul d'une marge sur coût variable qui résulte de la différence entre le chiffre d'affaires et les coûts variables des ventes relatifs aux produits concernés. Le plan comptable justifie cette méthode lorsque les éléments variables représentent une part importante du coût total. Une variante plus évoluée de cette méthode, appelée méthode des coûts spécifiques, consiste à affecter au compte de chaque division la partie des charges de structure correspondant au coût de possession des moyens affectés à la division. Elle constitue, en quelque sorte, une combinaison entre la méthode des coûts complets et la méthode des coûts partiels.

Néanmoins, la comptabilité de gestion n'est pas figée sur ces méthodes traditionnelles et elle évolue sous la pression des évolutions techniques et économiques ; ainsi il apparaît que les distinctions entre charges fixes et charges variables, entre charges directes et charges indirectes tendent à devenir inopérantes dans un nombre croissant d'entreprises. C'est la raison pour laquelle s'expérimente depuis quelques années une nouvelle méthode dite « comptabilité à base d'activités » dont les principes sont différents : l'accent étant mis sur la recherche des causes de coûts, on est amené à s'interroger sur la manière dont les ressources de l'entreprise sont consommées et sur les mécanismes de transformation des coûts en valeur. La notion centrale devient l'activité, c'est-à-dire un ensemble de tâches réalisées dans l'entreprise, correspondant à un savoir-faire et qui consomment des ressources (exemples : gestion des marchés, réceptions et contrôle, magasinage, gestion de production, ordonnancement, comptabilité fournisseurs, etc.).

Le principe fondamental de la méthode consiste alors à partir de l'analyse des coûts des activités de l'entreprise, et non plus de l'analyse des coûts des produits, selon l'articulation suivante : les produits consomment des activités, les activités consomment des ressources.

TROISIÈME PARTIE / L'UTILISATION DE L'INFORMATION COMPTABLE

Les données et documents comptables contribuent à diffuser dans la société de l'information économique, financière et juridique quantitative. Comment cette information est-elle utilisée, interprétée ? Arrive-t-elle à répondre à des demandes aussi multiples que celle du chef d'entreprise attentif au coût de ses produits pour rester compétitif, à celle de l'investisseur préoccupé de la capacité de l'entreprise à dégager des profits à long terme, à celle des banquiers inquiets des risques de non-remboursement, à celle des créanciers, des salariés et de tous les autres ?

VIII / Les différentes lectures des états financiers

Les états financiers tels qu'ils viennent d'être présentés ne font pas apparaître de grandeurs économiques suffisamment repésentatives pour servir l'analyse économique et financière de l'entreprise. C'est la raison pour laquelle le PCG 1982 préconise dans le système développé deux tableaux qui rendent possible cette analyse : le tableau des soldes intermédiaires de gestion et le tableau de financement. Par ailleurs, il peut aussi exister d'autres présentations des documents de synthèse.

1. Les soldes intermédiaires de gestion : prolongements du compte de résultat

Conçue à l'origine par les comptables nationaux qui l'utilisent pour la détermination des agrégats économiques nationaux, la méthode des soldes intermédiaires de gestion consiste à reclasser tous les postes du compte de résultat selon une grille en ligne et, en procédant par soldes successifs, à dégager en « cascade » des indicateurs d'activité et de résultats significatifs sur le plan économique. Cette méthode a donc l'avantage, par rapport à la présentation habituelle du compte de résultat, de faire apparaître plusieurs niveaux d'évaluation des performances de l'entreprise et de marquer différentes étapes dans la formation du résultat final. En outre, dans la mesure où les modes de calcul des soldes sont identiques, les grandeurs numériques obtenues à chaque niveau, pour une entreprise donnée, pourront être comparées dans le temps et avec les grandeurs identiques obtenues dans d'autres entreprises ou avec des moyennes de secteur calculées par des centrales de bilans.

Le tableau des soldes intermédiaires de gestion du système développé dégage un certain nombre d'agrégats qui présentent,

Tableau des soldes intermédiaires de gestion

Produits (Colonne 1)		**Charges** (Colonne 2)		**Soldes intermédiaires des exercices** (Colonne 1 – Colonne 2)	N	N – 1
Ventes de marchandises........................	......	Coût d'achat des marchandises vendues...	......	• Marge commerciale............................	......	....
Production vendue .... Production stockée .... Production immobilisée......................	....	ou Déstockage de production (1)	......			
Total..................................	......	**Total**..................................	......	• Production de l'exercice....................	......	....
• Production de l'exercice..................... • Marge commerciale............................	....					
Total..................................	......	Consommation de l'exercice en provenance de tiers	......	• Valeur ajoutée	......	....
• Valeur ajoutée .... Subventions d'exploitation.................	....	Impôts, taxes et versements assimilés (2)...................................... Charges de personnel..........................	....			
Total..................................	......	**Total**..................................	......	• Excédent brut (ou Insuffisance brute) d'exploitation	......	....
• Excédent brut d'exploitation .... Reprises sur charges et transferts de charges... Autres produits	....	• ou Insuffisance brute d'exploitation... Dotations aux amortissements et aux provisions .... Autres charges	....			
Total..................................	......	**Total**..................................	......	• Résultat d'exploitation (bénéfice ou perte)	......	....

• Résultat d'exploitation	......	• ou Résultat d'exploitation	......			
Quotes-parts de résultat sur opérations faites en commun	......	Quotes-parts de résultat sur opérations faites en commun	......			
Produits financiers	......	Charges financières	......			
Total	......	**Total**	......	• Résultat courant avant impôts (bénéfice ou perte)	......	....
Produits exceptionnels	......	Charges exceptionnelles	......	• Résultat exceptionnel (bénéfice ou perte)	......	....
• Résultat courant avant impôts	......	• ou Résultat courant avant impôts	......			
• Résultat exceptionnel	......	• ou Résultat exceptionnel	......			
		Participation des salariés	......			
		Impôts sur les bénéfices	......			
Total	......	**Total**	......	Résultat de l'excercice (bénéfice ou perte) (3)	......	....
Produits des cessions d'éléments d'actif	......	Valeur comptable des éléments cédés.	......	Plus-values et moins-values sur cessions d'éléments d'actif	......	....

(1) En déduction des produits dans le compte de résultat.

(2) Pour le calcul de la valeur ajoutée, sont assimilés à des consommations externes, les impôts indirects à caractère spécifique inscrits au compte **635** « Impôts, taxes et versements assimilés » et acquittés lors de la mise à la consommation des biens taxables.

(3) Soit total général des produits — total général des charges.

chacun, un intérêt particulier. Nous allons examiner les trois soldes les plus significatifs.

La *production de l'exercice* reflète la valeur des biens et des services produits par l'entreprise pendant la période, que ceux-ci aient été vendus, stockés ou immobilisés (utilisés par l'entreprise pour ses propres besoins). C'est un indicateur d'activité qui renseigne sur la place occupée par l'entreprise sur le marché de son activité. La comparaison des montants de production sur plusieurs exercices indique l'évolution de sa marche générale, notamment de sa croissance.

La *valeur ajoutée* se définit comme la contribution productive de l'entreprise à l'économie globale. C'est le supplément de valeur que les moyens d'activité de l'entreprise apportent aux biens et aux services acquis auprès des tiers. Elle se calcule par différence entre la production de l'exercice et les consommations intermédiaires (les achats corrigés de la variation des stocks et les services extérieurs). C'est une valeur brute, c'est-à-dire sans prise en considération du coût des moyens de production durables (représenté par les dotations aux amortissements).

Mieux que le chiffre d'affaires, la valeur ajoutée permet d'apprécier la dimension de l'entreprise et son poids économique ; sa variation est également un meilleur indicateur de son développement. En la rapportant à d'autres indicateurs, on peut faire des observations intéressantes : par exemple, rapporté à la valeur de la production, on aura une indication du degré d'intégration de l'entreprise (plus le rapport est élevé, plus l'entreprise assure un grand nombre de phases de production ou de fonctions).

Il faut néanmoins rester prudent dans l'interprétation des montants de valeur ajoutée qui peuvent varier sous l'effet d'un grand nombre de facteurs : évolution des rapports de prix unitaires de ventes et d'approvisionnement, modification des conditions commerciales, changement des gammes et de la qualité des produits, changement d'orientation de l'activité, plus ou moins grand recours à la sous-traitance, externalisation de fonctions… Pour toutes ces raisons, il est plus pertinent de parler de valeur ajoutée « marchande » que de valeur ajoutée « produite » (comme le fait le PCG) car il s'agit en fait du surplus de valeur accordé ou reconnu à l'entreprise par les différents marchés sur lesquels celle-ci opère.

L'*excédent brut d'exploitation* constitue le profit brut d'exploitation dégagé par l'activité courante de l'entreprise au cours d'un exercice dans des conditions normales d'exploitation. Il se calcule par différence entre, d'une part, la valeur ajoutée et, d'autre part, les charges de personnel et les impôts, taxes et versements assimilés en y ajoutant, le cas échéant, les subventions d'exploitation.

C'est un indicateur particulièrement intéressant de la performance économique de l'entreprise du fait qu'il représente la ressource fondamentale dégagée par l'exploitation avant prise en considération de la structure et des décisions financières, des divers prélèvements financiers, des politiques d'affectation des ressources dégagées et, par là même, avant toute dotation aux amortissements et aux provisions. Rapporté à la valeur de la production de l'exercice (ou au chiffre d'affaires), il mesure la profitabilité de l'entreprise ; rapporté aux capitaux engagés, il mesure leur rentabilité.

2. Le tableau de financement : entre deux bilans

Le tableau de financement n'est pas directement intégré au processus de production comptable, mais résulte d'une reconstitution des flux financiers de l'exercice par différences des montants des postes du bilan entre la fin et le début de l'exercice, les flux étant répartis entre ressources et emplois.

L'intérêt essentiel du tableau de financement est de permettre de voir clairement et rapidement les moyens de financement dont l'entreprise a disposé (ressources), l'utilisation qui en a été faite (emplois) et la manière dont l'équilibre financier a pu être réalisé (variation du fonds de roulement net global). Les ressources sont constituées par des augmentations de passif et des diminutions d'actif et les emplois, inversement, par des augmentations d'actif et des diminutions de passif.

Parmi les ressources, une notion centrale : la *capacité d'autofinancement* ; celle-ci représente les ressources propres générées par l'entreprise durant l'exercice ou, en d'autres termes, la part de profit brut qui a pu être conservée pour la rémunération de ses propriétaires et le financement du renouvellement et du développement de ses capacités d'exploitation. C'est une ressource définitivement assurée pour l'entreprise, dont l'affectation sera décidée par ses propriétaires. On peut la calculer à partir de l'excédent brut d'exploitation en prenant en compte les éléments financiers et les éléments exceptionnels, comme l'indique le mode de calcul page 107.

Les autres ressources, à caractère stable, sont constituées par les cessions d'actif, les augmentations de capitaux propres et les augmentations de dettes financières (emprunts).

En emplois, on trouve principalement les distributions de dividendes (aux actionnaires de l'entreprise), les acquisitions d'actifs (investissements matériels et immatériels, acquisition de titres de

Excédent brut d'exploitation (ou insuffisance brute d'exploitation).
+ Transferts de charges (d'exploitation).
+ Autres produits (d'exploitation).
– Autres charges (d'exploitation).
± Quotes-parts de résultat sur opérations faites en commun.
+ Produits financiers (*a*).
– Charges financières (*b*).
+ Produits exceptionnels (*c*).
– Charges exceptionnelles (*d*).
– Participation des salariés aux fruits de l'expansion.
– Impôts sur les bénéfices.
= *Capacité d'autofinancement de l'exercice.*

(*a*) Sauf reprises sur provisions.
(*b*) Sauf dotations aux amortissements et aux provisions financiers.
(*c*) Sauf :
— produits des cessions d'immobilisations ;
— quotes-parts des subventions d'investissement virées au résultat de l'exercice ;
— reprises sur provisions exceptionnelles.
(*d*) Sauf :
— valeur comptable des immobilisations cédées ;
— dotations aux amortissements et aux provisions exceptionnels.

participation, prêts accordés) et les remboursements des dettes financières.

L'équilibre du tableau présenté p. 106 est assuré par la variation du fonds de roulement net global qui résulte des variations, d'une part, de l'actif circulant (stocks et créances à court terme), d'autre part, des dettes à court terme. Si les ressources ont excédé les emplois, on enregistre une augmentation du fonds de roulement (qui figure dans la colonne « emplois ») ; à l'inverse, un excédent d'emplois par rapport aux ressources se traduit par une diminution du fonds de roulement (qui figure alors dans la colonne « ressources »).

Le tableau de financement permet notamment de déterminer quelle a été la politique d'investissement de l'entreprise (renforcement des moyens propres d'exploitation et/ou développement externe par prise de participations d'autres entreprises) et par quels moyens de financement les investissements ont pu être réalisés (autofinancement, appel aux actionnaires, recours à l'endettement, cessions...).

Première partie du tableau présentant les ressources stables et les emplois durables

MODÈLE DE TABLEAU DES EMPLOIS ET DES RESSOURCES DE L'EXERCICE

Tableau de financement en compte (I)

EMPLOIS	Exercice N	Exercice N – 1	RESSOURCES	Exercice N	Exercice N – 1
Distributions mises en paiement au cours de l'exercice			Capacité d'autofinancement de l'exercice		
Acquisitions d'éléments de l'actif immobilisé :			Cessions ou réductions d'éléments de l'actif immobilisé :		
Immobilisations incorporelles			Cessions d'immobilisations :		
Immobilisations corporelles			– incorporelles		
Immobilisations financières			– corporelles		
Charges à répartir sur plusieurs exercices *(a)*			Cessions ou réductions d'immobilisations financières		
Réduction des capitaux propres (réduction de capital, retraits)			Augmentation des capitaux propres :		
			Augmentation de capital ou apports		
			Augmentation des autres capitaux propres		
Remboursements de dettes financières *(b)*			Augmentation des dettes financières *(b)* *(c)*		
Total des emplois	**X**	**X**	**Total des ressources**	**X**	**X**
Variation du fonds de roulement net global (ressource nette)			Variation du fonds de roulement net global (emploi net)		

(a) Montant brut transféré au cours de l'exercice.
(b) Sauf concours bancaires courants et soldes créditeurs de banques.
(c) Hors primes de remboursement des obligations.

3. La diversité des présentations possibles

Bien d'autres présentations des documents de synthèse sont possibles, soit parce qu'ils découlent d'un autre modèle comptable (par exemple, le modèle anglo-saxon), soit parce que les utilisateurs, en fonction de l'usage qu'ils vont en faire, procèdent à des reclassements de postes et des retraitements, comme c'est le cas avec les soldes intermédiaires de gestion et les différentes interprétations du bilan.

Une autre présentation des soldes intermédiaires de gestion

Le tableau ci-contre présente une autre méthode de calcul de soldes intermédiaires de gestion souvent utilisée par des analystes financiers et résultant d'un autre classement, pour partie, des produits et des charges. Par rapport au modèle du PCG 1982, il élimine certains soldes (résultat d'exploitation et résultat exceptionnel), mais introduit deux autres soldes importants : une marge brute sur consommation et une capacité d'autofinancement courante. En outre, cette présentation a l'avantage d'enchaîner directement et successivement les différents soldes et de faire apparaître directement la capacité d'autofinancement.

Le produit de l'exercice intègre la totalité des ventes, ce qui n'est pas le cas de la production (modèle PCG) qui en exclut les marchandises.

La marge brute sur consommation (de matières) provient de la différence entre le produit de l'exercice et les achats consommés. Les achats consommés sont déterminés par sommation algébrique des achats (marchandises, matières et autres approvisionnements) et de la variation des stocks relatifs à ces achats.

Le ratio marge brute sur consommation/produit exprime le rapport de prix entre le produit et la consommation de matières nécessaires à la formation de ce produit. Cela permet d'évaluer comment l'entreprise répercute ou non sur ses prix de vente l'évolution de ses coûts unitaires d'approvisionnement, sous réserve d'une constance des conditions de production et de commercialisation, comme nous l'avons déjà remarqué à propos de la valeur ajoutée. Il illustre donc la position stratégique de force ou de dépendance de l'entreprise par rapport à son environnement en amont (fournisseurs) et en aval (clients). L'évolution de tous les autres soldes intermédiaires de gestion va dépendre en premier lieu de l'évolution de la marge brute sur consommation.

L'autre indicateur nouveau que fait apparaître ce tableau est la capacité d'autofinancement courante. Situé à un niveau intermédiaire entre l'excédent brut d'exploitation et la capacité d'autofi-

1. Chiffre d'affaires
2. Production stockée
3. Production immobilisée

A = 1 + 2 + 3 = *Produit de l'exercice*

4. Achats de marchandises, matières premières et autres approvisionnements.
5. Variation de stocks de marchandises, matières premières et approvisionnements.

B = A – (4 + 5) = *Marge sur consommation*

6. Services extérieurs (ou charges externes)

C = A – (4 + 5 + 6) = B – 6 = *Valeur ajoutée*

7. Charges de personnel
8. Impôts, taxes et versements assimilés
9. Subventions d'exploitation

D = C – 7 – 8 + 9 = *Excédent brut d'exploitation*

11. Charges financières (sauf dotations aux provisions)
12. Produits financiers (à l'exclusion des reprises sur provisions)
13. Quotes-parts de résultats sur opérations en commun
14. Autres charges
15. Autres produits

E = D – 11 + 12 + 13 – 14 + 15 = *Capacité d'autofinancement courante*

16. Charges exceptionnelles (sauf dotations aux provisions)
17. Produits exceptionnels (sauf reprises sur provisions)
18. Impôts sur les bénéfices
19. Participation des salariés

F = E – 16 + 17 – 18 – 19 = *Capacité d'autofinancement*

20. Dotations aux amortissements
21. Dotations aux provisions
22. Reprises sur provisions

G = F – 20 – 21 + 22 = *Résultat*

nancement, ce solde prend en compte, à partir de l'excédent brut d'exploitation, les éléments liés à la structure patrimoniale de l'entreprise (participations financières, endettement...). La capacité d'autofinancement courante fournit donc une évaluation du profit dégagé par l'entreprise compte tenu de sa structure d'exploitation et de sa structure financière, en dehors de tous éléments exceptionnels, des impôts sur les bénéfices et de la participation des salariés.

L'exemple du compte de résultat du modèle américain

Le compte de résultat américain (*income statement*) se présente en liste comme le tableau français des soldes intermédiaires de gestion, avec additions et soustractions successives de produits et de charges. Mais il utilise les données de la comptabilité analytique, notamment la répartition des coûts entre coûts directs et coûts indirects de manière à calculer un coût de revient des biens vendus (*cost of goods sold*) qui incorpore tous les frais de production. La différence entre le montant des ventes et le coût de revient des biens vendus donne une marge brute (*gross profit*) d'où l'on déduit ensuite les autres charges. Il faut noter que ces charges sont classées par fonction et non par nature, comme dans le modèle français : frais de vente, frais généraux et administratifs, frais financiers. Ainsi, on observe que les charges de personnel n'apparaissent jamais dans un compte de résultat américain. La notion de valeur ajoutée est également absente : seule la production vendue est considérée comme une mesure du produit de l'exercice.

MODÈLE SIMPLIFIÉ DE COMPTE DE RÉSULTAT AMÉRICAIN

Ventes
– Coût des produits vendus

= *Marge brute*
– Charges commerciales
– Charges administratives
– Charges financières

= *Résultat d'exploitation*
– Impôts sur le résultat d'exploitation

= *Résultat net d'exploitation*
+ ou – Éléments exceptionnels
– Impôts sur les éléments exceptionnels

= *Résultat net*

Les différentes interprétations du bilan

Le tableau de financement construit à partir de deux bilans successifs offre une vision de l'entreprise sous une optique financière, en termes d'emplois et de ressources, avec notamment le dégagement des notions de capacité d'autofinancement et de fonds de roulement.

La présentation du bilan (PCG 1982) se veut à prédominante fonctionnelle, c'est-à-dire qu'elle vise à faire apparaître les moyens et les origines des fonds de l'entreprise dans une perspective dynamique de continuité de l'exploitation ; ainsi, à l'actif, les immobilisations incorporelles et financières sont mises en valeur ; au passif, les capitaux propres apparaissent clairement ; les créances et les dettes sont regroupées par catégories d'agents (clients, fournisseurs, État, organismes sociaux...) quel que soit le caractère juridique ou comptable de l'opération.

Cette présentation n'a pas toujours existé et n'était pas celle du précédent plan comptable français qui privilégiait une optique patrimoniale, c'est-à-dire, d'un côté, à l'actif, les avoirs de l'entreprise (ce qu'elle possède), de l'autre, au passif, ses obligations (à l'égard de ses propriétaires et de ses créanciers). Ainsi, les créances et les dettes n'étaient pas classées selon leur destination et leur origine, mais selon leur degré de liquidité (pour les créances) et selon leur degré d'exigibilité (pour les dettes) en fonction d'un critère de durée de plus ou moins d'un an.

L'actuel plan comptable n'a cependant pas totalement rompu avec cette optique et il s'agit plutôt d'un compromis entre les deux optiques, fonctionnelle et patrimoniale. On pourrait, au contraire, aller plus loin dans une optique d'activité économique en considérant qu'un actif est un « avantage économique futur » qui a le potentiel de contribuer directement ou indirectement à des flux positifs de liquidités (définition de l'IASC). On privilégierait alors la valorisation des moyens d'activité dont dispose l'entreprise, même si elle n'en est pas propriétaire, et l'ensemble des engagements qu'elle a vis-à-vis des tiers. Cela conduirait, par exemple, à intégrer les équipements en crédit-bail dans les immobilisations et à considérer une grande part des dépenses de formation comme des investissements à amortir sur plusieurs années. Autre conséquence selon cette optique : l'actif ne présente que des valeurs brutes et les amortissements et les provisions pour dépréciation de l'actif sont considérés comme des ressources et figurent positivement au passif, au lieu de figurer en diminution des valeurs brutes de l'actif.

Ces présentations différentes ne modifient évidemment pas l'équilibre global du bilan, mais elles modifient les significations et peuvent affecter les relations entre les grandes masses, donc conduire à des analyses diverses.

IX / L'adéquation de l'information comptable aux attentes des utilisateurs

Plusieurs lectures des documents comptables sont donc possibles. Cette réalité révèle que l'offre d'information comptable normalisée n'est pas toujours en parfaite adéquation avec les besoins en renseignements des acteurs économiques et sociaux. La difficulté de cette adéquation a au moins deux fondements :
— les besoins des utilisateurs d'informations comptables sont multiples, mouvants et difficiles à appréhender ;
— la direction de l'entreprise occupe une place particulière. Elle remplit une fonction de producteur de données comptables soumis aux normes et aux règles mais exerçant aussi la maîtrise de la fabrication (saisie, traitement, établissement des comptes annuels). En même temps, elle est utilisateur d'informations pour sa gestion interne et ses relations avec les tiers. Les risques induits tant par la diversité des besoins que la place de l'entreprise font naître la nécessité de garde-fous et fécondent de nouveaux thèmes de réflexion et de recherche.

1. La difficulté de cerner les besoins des utilisateurs

Les documents comptables légaux constituent une des principales sources d'information des partenaires de l'entreprise sur ses activités économiques et ses performances. La production de ces deux documents à vocation générale est soutenue par deux hypothèse implicites :
— les besoins comptables sont supposés connus *a priori* ;
— il existe un nombre suffisamment important d'utilisateurs qui ont des besoins similaires.

Connaître les besoins réels des différents acteurs sociaux suppose que des travaux empiriques systématiques (catégorie d'acteurs, type d'utilisation, données nécessaires) soient entrepris.

La nature des préoccupations de certains utilisateurs peut être cernée à travers les *reclassements* et *retraitements* qu'ils effectuent pour « faire parler » les données comptables. En *analyse financière*, les différences de points de vue entre banquiers, partenaires commerciaux ou comités d'entreprise, selon Bernard Colasse [1995], amènent à prendre en considération des critères d'analyse distincts et à la mise en œuvre d'outils diversifiés. De nouvelles demandes d'information apparaissent. Ainsi, par exemple, s'interroge-t-on sur la pertinence pour les actionnaires et les salariés de données comptables les renseignant sur l'utilisation des ressources humaines de l'entreprise. De même, est évoquée l'idée d'une comptabilité environnementale reflétant les transactions de l'entreprise avec son environnement écologique et l'utilisation des ressources naturelles non renouvelables. La diversité des attentes des utilisateurs n'existe pas seulement en terme de contenu. Elle se traduit également au niveau des qualités attendues de l'information comptable. Le petit actionnaire et le public seront sensibles tout particulièrement à la lisibilité et la compréhensibilité des comptes. Investisseurs et dirigeants auront besoin d'une information d'actualité (donc produite rapidement) et pertinente (utile à la prise de décision) : les premiers pour opérer leur choix de composition de portefeuille de titres, les seconds pour améliorer leurs méthodes de gestion et s'adapter à une évaluation économique rapide. La vérifiabilité des comptes et leur fiabilité sont au demeurant nécessaires à tous les utilisateurs.

Si les besoins d'information sont assez méconnus et parfois contradictoires, ils sont de plus mouvants et difficiles à prévoir. Ils sont en effet induits par un environnement économique en transformation rapide et constante, modifiant les données de la concurrence et les stratégies des entreprises. Quand les besoins d'information comptable ne sont pas satisfais par l'offre existante, ils entraînent, au sein de l'entreprise, le développement de systèmes d'information extra-comptables et, à l'extérieur, la mise en place de travaux pour refaçonner l'information disponible. Cette situation est donc génératrice de coûts supplémentaires et d'insatisfaction.

2. La difficulté d'arbitrer entre norme et liberté

Le respect par l'entreprise de normes et règles comptables procure des avantages indéniables à l'entreprise et à ses partenaires. Pourtant, l'observation des comptes des entreprises révèle des pratiques déviantes et les cris d'alarme contre les dangers de la « comptabilité créative » sont de plus en plus fréquents. On parle aussi de « nettoyage » ou d'« habillage » des bilans ou encore d'acrobaties comptables. La comptabilité créative est l'utilisation par les entreprises de choix comptables ou de lacunes dans la normalisation afin de moduler l'image transmise par leur comptes, cela dans le but d'influencer le jugement et les décisions des destinataires externes de ces comptes.

Ces pratiques se développent à l'aide de trois types de moyens :
— certains grands groupes français utilisent, pour présenter leurs comptes consolidés, soit les normes comptables françaises, soit celles de l'IASC ou parfois encore les normes américaines ;
— la normalisation ne répond pas à toutes les situations et les entreprises doivent parfois « innover » leurs propres solutions comptables. Ce fut le cas, par exemple, du traitement des nouveaux instruments financiers ;
— il existe des possibilités de choix entre plusieurs solutions comptables : inscrire une charge à l'actif ou non, retenir telle méthode d'amortissement ou d'évaluation des titres, par exemple. L'existence d'*options comptables* au sein de la réglementation est porteuse à la fois de risques et d'opportunités pour la qualité des informations comptables. Des opportunités, parce que ces degrés de liberté peuvent permettre d'ajuster le moule rigide du standard comptable à des réalités spécifiques et d'atteindre ainsi l'objectif d'image fidèle. Des risques, parce que les choix comptables sont parfois exercés dans le but de légitimer une stratégie, d'obtenir des financements ou de préparer un plan social. Chez certains grands groupes industriels français, le changement de dirigeants en 1994-1995 a été l'occasion de changements de méthodes comptables modifiant fortement les données comptables et financières. Ainsi, chez Alcatel Alsthom, des pertes importantes sont affichées en 1995 dès l'arrivée à la tête du groupe d'un nouveau P-DG.

Des garde-fous existent pourtant pour limiter la possibilité pour l'entreprise de satisfaire ses seuls objectifs au détriment des attentes des autres utilisateurs d'information.

3. Les garde-fous instaurés

La technique comptable ne peut produire une « vérité » indiscutable ; néanmoins, les informations comptables ont besoin d'être fiables aux yeux des utilisateurs : les règles qui doivent en garantir la fiabilité répondent à un souci d'éthique et le respect de ces règles par les producteurs d'informations est soumis à l'appréciation d'un corps de spécialistes qui en valide ou non la conformité.

Le souci d'éthique doit conférer une légitimité aux informations produites par la comptabilité. Il peut se manifester de différentes manières : honnêteté, loyauté, véracité, probité, intégrité, authenticité…

En France, les objectifs assignés aux comptes annuels par les règles légales doivent répondre à trois critères : être réguliers, sincères et « donner une image fidèle du patrimoine, de la situation financière et du résultat de l'entreprise ».

L'exigence de régularité signifie que les états financiers doivent être tenus « en conformité avec les règles et les procédures en vigueur ». Apparemment très clair, ce critère se révèle plus difficile d'application dans la mesure où, nous l'avons vu, les sources des règles sont multiples, parfois contradictoires et souvent très floues. Cela est particulièrement vrai de l'interférence entre les règles fiscales et comptables et entre les dispositions nationales et les recommandations internationales.

Le devoir de sincérité ne peut évidemment être qu'un postulat. La sincérité est la qualité de qui est disposé à reconnaître la vérité et à faire connaître ce qu'il pense et ce qu'il ressent. Le PCG 1982 en donne la définition suivante : « La sincérité est l'application de bonne foi [des] règles et procédures en fonction de la connaissance que les responsables des comptes doivent normalement avoir de la réalité et de l'importance des opérations, événements et situations. » Ce critère concerne les documents comptables, mais au-delà, c'est surtout au comportement des producteurs de l'information qu'il s'applique. Celui-là est nécessairement subjectif et on ne peut que présupposer la bonne foi et l'intégrité des dirigeants et de leurs comptables.

Quant à la nécessité d'« une image fidèle », elle soulève beaucoup de questions et il n'existe pas de doctrine définie en la matière. En se référant à la pratique anglo-saxonne dont cette expression est issue, il semble que les comptes devraient refléter de la manière la plus exacte et la plus véridique possible la réalité économique de l'entreprise. Cela soulève bien des interrogations : qu'est-ce que la réalité économique que nous ne saisissons qu'à travers une représentation fournie par la construction d'une modélisation de l'entreprise ? Les comptes constituent un deuxième niveau de représentation, lui-même très étroitement encadré, nous l'avons également vu, par les conventions du système comptable. Faut-il avant tout se conformer aux règles pour respecter l'exigence de régularité ou s'efforcer de fournir la meilleure image possible ? Les comptables sont souvent confrontés à ce dilemme. Peut-il n'exister qu'une seule image fidèle de la réalité ? Certainement pas, selon l'angle de vue d'où l'on se place, et les dirigeants d'entreprise, comme les observations le prouvent, ont tendance à privilégier l'image qui correspond le mieux à leur stratégie et à leur politique de communication vis-à-vis de l'extérieur.

Les difficultés d'une légitimation du produit comptable par les règles et l'éthique ayant été ainsi montrées, le recours à une validation par un corps de spécialistes s'impose : c'est le but de l'audit légal.

L'audit légal

L'audit comptable légal a pour but de vérifier les comptes établis par les comptables de l'entreprise et arrêtés par ses dirigeants. Plus précisément, il s'agit d'en vérifier la régularité, la sincérité et la capacité à fournir une image fidèle du patrimoine, de la situation et des résultats. La mission de l'auditeur légal est donc d'exprimer une opinion sur les comptes annuels et éventuellement sur les comptes consolidés. Il n'implique pas une appréciation sur la qualité des décisions de gestion.

Le contrôle est obligatoire dans les sociétés anonymes et dans les autres groupements juridiques qui atteignent une certaine taille. Il est effectué par les commissaires aux comptes désignés par les propriétaires de l'entreprise (en assemblée d'actionnaires ou d'associés).

L'opinion émise peut être une certification sans réserve, une certification avec réserve(s) ou un refus de certifier qui apparaît dans un rapport général remis aux actionnaires ou associés.

Pour réaliser leur mission, les commissaires aux comptes disposent de larges pouvoirs d'investigation : ils ont notamment la possibilité de contrôler toutes les pièces de l'entreprise à tout moment de l'année. Ils doivent signaler les irrégularités et les inexactitudes qu'ils ont relevées au cours de leur mission et dénoncer auprès du procureur de la République les faits délictueux dont ils ont eu connaissance. Leur responsabilité personnelle est donc très importante, autant civile que pénale. Leur statut est très réglementé de manière à garantir leur indépendance et la confidentialité des informations qu'ils ont à connaître.

La certification, par conséquent, atteste du respect du référentiel comptable normalisé et donc d'une certaine qualité des comptes. C'est la raison pour laquelle c'est un élément essentiel pour la crédibilité des comptes vis-à-vis des tiers à l'entreprise et l'on comprend l'intérêt porté par les entreprises à la signature des commissaires aux comptes. Cependant quelques affaires retentissantes (Maxwell et la BCCI en Grande-Bretagne, les Ciments Français, le Crédit Lyonnais, Eurodisney, etc.) ont jeté un trouble quant aux moyens réels dont disposent les commissaires pour remplir leur mission.

4. A la recherche d'une meilleure adéquation

Une meilleure adéquation de l'information comptable aux besoins des utilisateurs pourrait passer par la publication de plusieurs bilans et par la réunification de la comptabilité générale et de la comptabilité analytique. Ces propositions ne font cependant pas l'unanimité.

Unicité ou multiplicité du bilan

Constater qu'on ne peut demander aux documents comptables de synthèse de concilier à la fois des objectifs juridiques, économiques et financiers apporte des arguments à ceux qui préconisent une offre d'information différenciée selon les utilisateurs et les usages. Ceux-ci font valoir qu'un compromis entre des exigences multiples ne satisfait jamais personne et qu'il est illusoire de formaliser un système d'information qui devrait, au demeurant, répondre à des besoins imprévisibles. En outre, les moyens techniques actuels, à partir de bases de données, permettraient de produire plusieurs bilans avec des critères d'établissement différents. Il a été ainsi proposé une première approche dite comptabilité matricielle qui consiste à inscrire la double écriture (débit/crédit) dans une matrice à deux dimensions à laquelle on peut éventuellement ajouter une troisième dimension (le temps). Le stockage des informations s'effectue dans cette matrice qui peut alors se prêter à de multiples traitements et restituer directement la plupart des états financiers et analytiques dont les utilisateurs ont besoin.

Ce modèle suppose néanmoins que les besoins des utilisateurs soient connus à l'avance pour déterminer le nombre de dimensions à saisir. D'autres propositions visent à remédier à cet inconvénient en suggérant d'enregistrer à l'état brut toutes les données relatives aux « événements » de la vie économique de l'entreprise. Tous les « événements » étant ainsi conservés sous leur forme initiale dans une base de données, les différents utilisateurs pourraient, en fonction de leurs propres besoins, reclasser et agréger les informations. Ce modèle appelé comptabilité événementielle offre l'avantage d'une grande souplesse d'utilisation, mais les difficultés d'application sont loin d'être résolues.

Au-delà des problèmes techniques que soulèvent ces propositions, se pose la question du bien-fondé de la multiplicité de bilans pour une même entreprise. Certaines entreprises n'hésitent pas, à côté d'un bilan fiscal conventionnel, non soumis à l'obligation de fournir une « image fidèle », à établir deux autres bilans à caractère économique : l'un, plutôt pessimiste, privilégiant le principe de prudence ; l'autre, résolument optimiste, privilégiant le principe de continuité. Cette idée ne s'est cependant ni imposée auprès de la doctrine comptable, ni généralisée dans la pratique, car elle se heurte à de nombreuses réticences dues notamment aux risques importants de perte de crédibilité dont pourraient être affectés ces multiples états financiers. En effet, on peut s'interroger sur les instances qui auraient la légitimité de décider des critères d'établissement des différents bilans et du choix différencié de leurs destinataires.

Le débat monisme/dualisme

La dissociation entre comptabilité générale et comptabilité analytique dans la pratique et la pédagogie conduit à ce qu'on appelle le dualisme du système comptable. Celui-ci n'a pas toujours existé : il a été instauré en France depuis 1947 et s'est généralisé aux pays de l'Europe continentale et occidentale ; au contraire, on parle de monisme lorque la comptabilité analytique est complètement intégrée au système comptable, ce qui est le cas des États-Unis et le fut dans les pays d'économie centralement planifiée (comme l'ex-URSS).

Si on justifie généralement le dualisme par la distinction à faire entre la nature des utilisateurs (la comptabilité générale pour les tiers ; la comptabilité analytique pour les besoins internes de l'entreprise), de nombreux auteurs estiment que c'est plus le besoin de protéger certaines informations des regards extérieurs (notamment de la concurrence) qui est à l'origine de cette séparation.

Mais cette dichotomie n'est pas aussi tranchée qu'elle n'y paraît et les deux sous-systèmes sont complémentaires. Ainsi, la comptabilité générale a besoin de la comptabilité analytique pour évaluer au coût de production les produits stockés et immobilisés. Au-delà de cet aspect technique, on observe que les utilisateurs de la comptabilité analytique tendent à être plus divers et ne sont plus cantonnés aux seuls dirigeants de l'entreprise : les partenaires stables de l'entreprise, les sous-traitants, les pouvoirs publics (dans le cas de contrats publics) et même les représentants des salariés, sans parler des sociétés mères américaines de filiales françaises. Cela pose la question d'une articulation plus étroite entre les deux sous-systèmes et d'une éventuelle normalisation de la comptabilité de gestion qui se heurte également à la multiplicité des attentes des utilisateurs.

Conclusion

La comptabilité constitue historiquement la base du système d'information économique et financière de l'entreprise. Il est donc logique qu'elle ait façonné la réflexion managériale et que les étudiants en économie et en gestion commencent le plus souvent leur initiation à la gestion d'entreprise par un cours de comptabilité.

Devenu aide à la gestion et à la prise de décision, le rôle des systèmes comptables a évolué avec le temps. La comptabilité d'entreprise est ainsi passée d'un simple rôle d'enregistrement des transactions et de calcul des coûts à un instrument indispensable pour l'analyse et le diagnostic financiers, l'évaluation patrimoniale, le contrôle de gestion, voire la réflexion stratégique. Dans l'espace international, les tentatives d'harmonisation des principes et des règles comptables illustrent le souci de rendre comparables les états financiers d'un pays à un autre et de contribuer ainsi à une plus grande transparence des informations économiques.

D'autres instruments de gestion se sont développés en lien ou à côté de la comptabilité : gestion de la production, gestion financière, gestion des ressources humaines, mercatique, informatique de gestion, etc., ce qui l'interpelle sur de nouvelles questions et élargit son champ à des domaines nouveaux tels que l'intégration du facteur humain (comptabilité socio-économique) ou des ressources naturelles (comptabilité environnementale).

Si la comptabilité conserve l'ambition de rester le support essentiel du système d'information de l'entreprise, il ne faut pas non plus tout en attendre, car elle ne peut avoir la prétention de tout éclairer. Son champ de prédilection reste l'évaluation chiffrée en termes monétaires et on peut mettre en doute la possibilité de tout quantifier et, surtout, de trouver une traduction monétaire à tout problème d'évaluation.

Repères bibliographiques

BOUQUIN H., *Comptabilité de gestion*, Sirey, Paris, 1993.

BOUSSARD D. et EGLEM J.Y., *Les Mécanismes comptables de l'entreprise*, Montchrestien, Paris, 1990.

BURLAUD A. et SIMON C., *Comptabilité de gestion*, Vuibert, Paris, 1993.

CAPRON M., *La Comptabilité en perspective*, La Découverte, coll. « Repères », Paris, 1993.

COHEN E., *Dictionnaire de gestion*, La Découverte, coll. « Dictionnaires Repères », Paris, 1995.

COLASSE B., *Comptabilité générale*, 4e édition, Économica, Paris, 1993.

COLASSE B., *L'Analyse financière de l'entreprise*, La Découverte, coll. « Repères », Paris, 1994.

COLLETTE C. et RICHARD J., *Comptabilité générale par la méthode des flux*, Dunod, Paris, 1990.

CONSEIL NATIONAL DE LA COMPTABILITÉ, *Plan comptable général*, Imprimerie nationale, Paris, 1983.

ESNAULT B. et HOARAU C., *Comptabilité financière*, PUF, Paris, 1994.

ÉVRAERT S., *Analyse et diagnostic financiers*, Eyrolles, Paris, 1991.

HELFER J.-P., *Comptabilité générale*, Vuibert, Paris, 1990.

LASSÈGUE P., *Lexique de comptabilité*, Dalloz, Paris, 1993.

LAUNOIS S. et OGER B., *Comptabilité financière*, 6e édition, PUF, 1995.

MALO J.-L., *Comptabilité générale*, Eyrolles, Paris, 1992.

MARQUES E., *Comptabilité générale, Analyse comptable et financière*, Nathan, Paris, 1995.

MEVELLEC P., *Le Calcul des coûts*, La Découverte, coll. « Repères », Paris, 1995.

MEVELLEC P. et ROCHERY G., *Éléments fondamentaux de comptabilité*, Vuibert, Paris, 1990.

PASQUALINI F., *Le Principe de l'image fidèle en droit comptable*, LITEC, Paris, 1992.

PILVERDIER-LATREYTE J., *Analyse des états financiers américains*, Économica, Paris, 1989.

TELLER R., « Comptabilité », *in* HELFER J.-P. et ORSONI J., *Encyclopédie du management*, Vuibert, Paris, 1992.

Table

DEUXIÈME PARTIE / LA PRODUCTION DE L'INFORMATION COMPTABLE